Das Buch

Die Geburtsstunde der Ansichtspostkarte fiel in die Zeit des deutsch-französischen Kriegs 1870/71. Zu den ersten Motiven gehörte die Darstellung eines deutschen Kanoniers. Zeitgeschichtliche und historische Ereignisse und Parolen blieben fortan Lieblingsthemen der Bildpostkarten. In Massenauflagen gedruckt und millionenfach verschickt, repräsentieren sie ein Stück Alltagskultur. Selten Ausdruck künstlerischer Individualität, spiegeln sie besonders deutlich bestehende Bewußtseinsströmungen. Sie waren (und sind) Meinungsträger, die nicht verschickt worden wären, hätte der Absender dem dargestellten Inhalt nicht zugestimmt.
Dieses eindrucksvolle Bilderbuch zur deutschen Geschichte vermittelt überraschende Einblicke, wenn man etwa antisemitische Postkarten von der Jahrhundertwende sieht, die ein Julius Streicher nicht besser hätte ersinnen können, oder Postkarten, die Jahre vor Hitlers Einmarsch für den Anschluß Österreichs warben. Nicht weniger überraschend: Von eigentümlicher Übereinstimmung in den bildnerischen Mitteln zeigen sich die Postkarten aus politisch gegnerischen Lagern. Und daß die Postkarte nahtlos dem totalitären Regime des Dritten Reiches hat dienstbar gemacht werden können, leuchtet bei diesem Gang durch die Geschichte unmittelbar ein. Zwangsläufig folgte nach 1945 eine sichtbare Abstinenz, ehe die 68er Generation wieder zum Medium der politischen Postkarte griff – nun ganz in kritischer und satirischer Absicht.
Der vorliegende Band illustriert 59 Stichworte aus 100 Jahren deutscher Geschichte mit ausgewählten Postkarten, die sich ergänzen oder zueinander in Kontrast stehen. Die Bildinhalte werden in ihren historischen Zusammenhängen erläutert. Im Anhang ergänzt der Autor die Daten der einzelnen Karten, gibt in einer Zeittafel den notwendigen historischen Überblick und erschließt den Band durch Register.

Der Autor

Wilhelm Stöckle, geboren 1939, studierte nach verlagsbuchhändlerischer Lehre Wirtschafts- und Sozialwissenschaften sowie Wirtschaftsgeschichte und schloß mit der Lehramtsprüfung ab. Er ist Fachabteilungsleiter an einer beruflichen Schule in Stuttgart und unterrichtet dort seit 1966 u. a. Geschichte und Sozialkunde. Er veröffentlichte verschiedene Arbeiten zu buchhändlerischen Themen.

Wilhelm Stöckle:
Deutsche Ansichten
100 Jahre Zeitgeschichte auf Postkarten

Mit 66 farbigen und 67 Schwarzweiß-Abbildungen

Deutscher
Taschenbuch
Verlag

dtv

Originalausgabe
Oktober 1982

Umschlaggestaltung: Celestino Piatti
Reproduktionen: Lithographie Service Garching
Gesamtherstellung: C. H. Beck'sche Buchdruckerei, Nördlingen
Printed in Germany · ISBN 3-423-10041-9

Inhalt

»Sehr geehrter Herr Pfarrer! Da ich mich aus dem Judengewimmel der Stadt in obiges Lokal geflüchtet habe, um in Ruhe ein Pilsner zu schlürfen, gedenke ich Ihrer u. sende die besten Grüße.« Mit diesem Text schickte ein Herr Philipp am 22. September 1897 auf einer antisemitischen Ansichtspostkarte Grüße vom Kölner Hof, dem »einzigen judenfreien Hotel in Frankfurt«, an seinen Pfarrer im lothringischen Saaralben.
Dieses Buch will zeigen, wie geschichtliche Ereignisse, Parolen und Strömungen ihren Ausdruck auf Ansichtspostkarten gefunden haben, denn dieses Medium gibt in zweierlei Hinsicht historischen Aufschluß: Mit Blick auf die Produzenten oder Herausgeber sind politische Ansichtspostkarten Meinungsträger; sie geben – von heute aus gesehen – einen historischen Kommentar zum jeweiligen Ereignis oder werben, wie im Fall der oben erwähnten antisemitischen Postkarte, für eine bestimmte politische Strömung. So sind Ansichtspostkarten als historische Dokumente vergleichbar anderen Zeugnissen; ihre »Bildsprache« ist freilich von besonderer Anschaulichkeit.
Aber Ansichtspostkarten lassen sich auch unter einem zweiten Gesichtspunkt sehen: Sie sind hervorragende Zeugnisse politischer Alltagskultur, wenn man sie von den Versendern und Empfängern her sieht. Dazu muß man sich die Selbstverständlichkeit bewußt machen, mit der solche Karten verschickt wurden, wobei es nicht einmal so dezidierter Stellungnahmen des Absenders wie oben bedarf. Gerade Karten, auf denen Zeitgenossen nur Grüße übermitteln oder eine kurze persönliche Mitteilung machen, die aber auf der Bildseite martialisch postulieren »Ein Volk in Waffen gegen eine Welt in Waffen« (24) oder mit dem Leitspruch »Wir werden siegen« drei uniformierte Kinder zeigen (44), spiegeln ganz unverstellt alltägliches Bewußtsein und damals vertraute Denkweisen. Sie zeigen Haltung und Gesinnung auch der Menschen, die keinen unmittelbaren Einfluß auf politische Entscheidungen gehabt haben. Dabei kann man davon ausgehen, daß im Unterschied zu heute in der Vergangenheit viel seltener mit bewußter Wirkungsabsicht eine Karte politischen Inhalts verschickt wurde. Eine Karte voll nationaler Würde wie »Männer der Zeit« (88), die Friedrich den Großen, Bismarck und Hitler zeigt, hatte 1933 einen anderen Stellenwert als heute!
Die Ansichtspostkarte ist durch ihre bildliche Gestaltung dazu prädestiniert, die intendierte Aussage in Symbole, Mythen, Allegorien und Apotheosen zu kleiden – Signale von hohem Wiedererkennungswert, die ihre Wirkung nicht verfehlt haben dürften. Sie erhob kaum Anspruch argumentativer Differenzierung, das Schlagwort, die Parole ist ihr rhetorisches Instrument. So liegt es nahe, im Aufbau eines Buches, das 100 Jahre deutsche Geschichte im Spiegel der Ansichtspostkarte zeigen will, der ihr eigenen Rhetorik zu folgen: 59 Schlagworte aus der deutschen Geschichte der letzten 100 Jahre wurden ausgewählt, um die Symbole und Mythen, die dem Bewußtsein breiter Bevölkerungskreise entsprachen, zu belegen. Es werden jeweils zwei oder drei Bilder, die sich ergänzen oder im Gegensatz zueinander stehen, unter einem solchen Schlagwort zusammengefaßt.
Die Zusammenstellung kann und will nicht beanspruchen, ein vollständiges Bild dieser 100 Jahre deutscher Geschichte zu geben und alle wichtigen Ereignisse zu berücksichtigen. Es sind Schlaglichter, eben deutsche »Ansichten«. Eine gewisse Repräsentanz wurde dagegen im Hinblick auf bewußtseinsgeschichtliche Entwicklungen angestrebt. Die Dominanz nationaler Bekenntnisse entspricht durchaus der tatsächlichen Verteilung. So steht etwa dem breiten volkstümlichen Patriotismus während des Ersten Welt-

I

II

krieges im Zweiten Weltkrieg nur mehr eine weit geringere Anzahl von Postkarten – die unmittelbar von oben gelenkte Kriegspropaganda – gegenüber.
Obwohl Gegenstand des Buches die illustrierte Postkarte ist, wurde in zwei Fällen von diesem Grundsatz abgewichen: Zwei Postkarten – zur Entnazifizierung (113) und aus der Kriegsgefangenschaft (117) – enthalten keine Bildelemente, sie zeigen aber doch wichtige »Ansichten« der jüngsten deutschen Geschichte.
Der hier vorgestellte Zeitraum von gut 100 Jahren deutscher Geschichte spiegelt gleichzeitig die Geschichte der Postkarte. 1865 von Heinrich Stephan »erfunden«, wurde sie 1869 als erstes in Österreich eingeführt. Rechtzeitig vor dem deutsch-französischen Krieg, in dem sie dann gleich millionenfach verwendet wurde, wurde auch in Deutschland die Zulassung der »Korrespondenzkarte«, wie sie lange Zeit hieß, beschlossen. Schon damals wurde die Postkarte, die bis 1905 auf der einen Seite nur die Anschrift tragen durfte, durch meist lithographierte Abbildungen bereichert und so zur Ansichtspostkarte. Mit unterschiedlicher Intensität und verschiedenartigen Intentionen begleitete sie von nun an auch die politischen Ereignisse in Deutschland.

ZIEHEN
Hab acht, du großer Britte - Ein Heldenboot taucht auf,
Ein Riß in deiner Mitte - Beendet deinen Lauf.

III

ZIEHEN
1914
Hab acht, du großer Britte - Ein Heldenboot taucht auf,
Ein Riß in deiner Mitte - Beendet deinen Lauf.

IV

Optimismus wirbt ansteckend –
wenn Sie einen Aufkleber
weitergeben
CDU
Mit Optimismus gegen Sozialismus
CDU
Mit Optimismus gegen Sozialismus

V

Wenn man von wenigen Ausnahmen absieht, kennzeichnet starker Patriotismus die Ansichtspostkarte des Kaiserreichs, besonders ausgeprägt im Ersten Weltkrieg: Schlagworte wie Treue, Vaterland und Heldentod sollten das Volk im Krieg einigen und die staatliche Ordnung erhalten. Kinder als Soldaten und Kinderverse verharmlosten die für den einzelnen lebensbedrohende Situation, wie man sie heute nur dem sorgenvollen Grußtext des Absenders entnehmen kann (vgl. 52). Ansichtspostkarten oppositioneller Gruppierungen waren selten. Öffentlicher Widerspruch auf Postkarten regte sich erst wieder mit der Revolution 1918. Die politische Opposition im Reichstag hatte 1914 Burgfrieden geschlossen (vgl. 32).
Auf keinen gemeinsamen Nenner lassen sich die Postkarten der Weimarer Zeit bringen: Offizielle Karten der staatlichen Institutionen neben Karten, die sich für die Verteidigung des Deutschtums einsetzen, und solchen, die von den verschiedensten Interessengruppen herausgegeben worden sind. Sie spiegeln deutlich die links- und rechtsextremistischen Kämpfe gegen den demokratischen Staat.
Der totalitäre Staat Adolf Hitlers nahm dann die Ansichtspostkarte ganz in seinen Dienst und machte sie wie die anderen Medien zu einem Propagandainstrument. Dies fiel nicht weiter schwer, da Parolen auf Postkarten – sowohl verbal als auch optisch – ein vertrautes Bild waren.
Eine wirkliche Zäsur vollzog sich erst nach 1945: Der politischen Abstinenz in den 50er und 60er Jahren entsprechend, spielte die Ansichtspostkarte mit politischem Inhalt eine geringe Rolle. Dies erklärt den Sprung in der vorliegenden Zusammenstellung zwischen Karte 120 und 121. Es sind aber nicht nur die Jahre, die dazwischenliegen: Eine neue Generation mit neuen bildnerischen Mitteln entdeckte nach 1968 dieses Medium neu. Im Gegensatz zur propagandistischen und überwiegend staatserhaltenden Ansichtspostkarte der Vergangenheit artikulieren sich nun vor allem kritische, gegen die etablierten Institutionen und Parteien gerichtete Meinungen und Überzeugungen, die vor allem einem jugendlichen Trend, Bekenntnisse abzulegen, Rechnung tragen.
Die Bilder und Texte auf den Ansichtspostkarten dokumentieren, welch große Rolle symbolische Begriffe und mythische Gestalten für das Erleben von Geschichte im Bewußtsein des Volkes spielen. Neben den durch Geschichte, Kunst, Kitsch und Phantasie entstandenen Trägern von Mythen (Germania, Marianne, Loreley, Deutscher Michel) sind es auch geschichtliche Persönlichkeiten: Der Alte Fritz, Bismarck, Bebel, Wilhelm II., Hindenburg und Kaiser Franz Josef. Sie repräsentieren nicht nur wesentliche Abschnitte der deutschen Geschichte, sondern waren auch Träger von Hoffnungen und Sehnsüchten: Sie verdrängten oder erzeugten Ängste, ihre markigen Sprüche und ihre heroisierten Taten gaben Mut und Zuversicht den einen und sollten die anderen entmutigen. Die Gestalten der Mythologie wurden zu Objekten der Inszenierung einer Scheinwelt, in der Kraftmeierei und Illusionen die realistische Beurteilung des Möglichen beeinträchtigte. Die Gefahr der Orientierung an Wünschen, der Blick auf die »schönste Jungfrau«, das Hören auf ein Lied mit der wundersamen, gewaltigen »Melodei« (17) machte blind gegenüber den Gefahren und unfähig, das Schiff zwischen den Felsklippen des Stromes hindurchzusteuern: zwischen Gottesgnadentum (20) und Demokratie (21), zwischen Germania (6) und Marianne (82), zwischen Schwarz-Rot-Gold (74) und Schwarz-Weiß-Rot (7). Neben diesen Mythen und Gestalten spielen Symbole eine große Rolle: der Adler, die Eiche, der Rhein, das Hakenkreuz und vieles mehr (vgl. Sachregister); Parolen und Schlagworte sind fester Bestandteil (vgl. Register der Parolen und Schlagworte). Bekanntestes Beispiel aus dem Ersten Weltkrieg sind die Siegfrieden-Beteuerungen (»Wir werden siegen, wir wollen siegen, wir müssen siegen«), aus denen im Zweiten Weltkrieg die Parole vom »Endsieg« wurde.

Unter formalen Gesichtspunkten – Drucktechnik, Anordnung der Bild- und Textelemente, Textformulierungen und zusätzliche Verwendungsmöglichkeiten – lassen sich verschiedenartige Typen von Ansichtspostkarten unterscheiden. Ohne Anspruch auf systematische Vollständigkeit soll hier auf einige besonders ausgeprägte Formen hingewiesen werden.
Ein eindrucksvolles Beispiel der Verbindung einer persönlichen Botschaft mit patriotischem Bild und Text ist die am letzten Nachmittag des 19. Jahrhunderts in Heidelberg abgeschickte Karte I mit Hoffmann von Fallerslebens »Deutschlandlied« und der Germania vom Niederwalddenkmal über dem Rhein. Die handschriftliche Mitteilung ist an ein Fräulein im Heidelberger Telegrafenamt gerichtet: »Ein Zeichen, daß ich immer an Sie denke. Ein stiller Verehrer.« Die ebenfalls 1899 abgeschickte Ansichtskarte von der »Dreikaiserreichs Ecke« (II) gehört zu den um 1900 weitverbreiteten – meist unpolitischen – »Gruß aus ...«-Karten. Diese von den drei Monarchen mit ihren Hoheitssymbolen verzierte Postkarte dokumentiert, daß es damals zwischen Deutschland, Österreich und Rußland keinen Platz für Polen gegeben hatte.
Spielerisch, aber keineswegs unpolitisch ist die 1917 von Stuttgart nach Sulzbach geschickte Karte (III und IV). Sie gehört zu den zum Spielen auffordernden Dreh-, Zieh-, Falt- bzw. Anlegekarten. Befolgt der Empfänger die Anweisung »Ziehen«, wird in dieser »doppelbödigen« Postkarte ein Kreismechanismus in Gang gesetzt: Das englische Schlachtschiff wird versenkt, das deutsche U-Boot taucht auf und das Eiserne Kreuz kommt zum Vorschein. Eine über 60 Jahre jüngere Postkarte (V), 1980 herausgegeben von der CDU, fordert zu anderer Aktivität auf: einen Aufkleber weiterzugeben, der die Aufschrift trägt »Mit Optimismus gegen Sozialismus«.
Eine Anmerkung zur Ansichtspostkarte als Handels- und Sammelobjekt: Die in diesem Buch abgedruckten Karten sind teils Leihgaben, teils wurden sie auf Flohmärkten, Postkartenbörsen oder Auktionen entdeckt. Besonders hilfreich war die Zusammenarbeit mit den Postkartenhändlern Herrn und Frau Breitsprecher in Stuttgart und Herrn Karl Stehle in München.
Zum Schluß ein technischer Hinweis: Aus Gründen des Buchformats war es unumgänglich, die Postkarten verkleinert abzubilden. Die Größe der Originalpostkarten schwankt zwischen 13,4 bis 15 Zentimetern in der Breite (bzw. Höhe der hochformatigen Karten) und 8,1 bis 10,6 Zentimetern in der Höhe.

1

Der alte Kaiser Wilhelm oder Der Kartätschenprinz

Mittelpunkt dieser beiden, in ihrer Aufmachung ähnlichen Ansichtspostkarten sind die Vertreter der politischen Gegensätze in den Jahren 1848 und 1849. Karte 1 erinnert an die badische Revolution, an deren Spitze Friedrich Hecker und Gustav von Struve standen (Porträts). Hecker nannte sich Sozialdemokrat, beide wollten eine deutsche Republik und forderten am 12. April 1848 in Konstanz zur Erhebung auf. Durch die militärische Niederlage der von ihnen geführten Freischaren sahen sich Hecker und Struve wie viele andere Achtundvierziger zur Emigration in die USA gezwungen.

Nachdem die Ablehnung der deutschen Kaiserkrone durch den preußischen König die Arbeit der Nationalversammlung zum Scheitern gebracht hatte, kam es am 11. Mai 1849 in Rastatt zur Soldatenmeuterei. Der Großherzog floh mit seiner Familie ins Elsaß. Seiner Bitte um militärische Hilfe folgte die Besetzung Badens durch die Truppen des Prinzen von Preußen, des späteren Kaisers Wilhelm I., der die republikanische Revolution wie auch schon den »Märzaufstand« 1848 in Berlin niederkartätschte.

Karte 2 erinnert aus Anlaß seines 100. Geburtstages an glanzvolle Stationen im Leben des Kaisers: Königgrätz und Sedan, die Siege gegen Österreich und Frankreich als Voraussetzung für die am 18. Januar 1871 proklamierte Einigung auf einen deutschen Kaiser. Die Feier im Spiegelsaal von Versailles (Bildmitte) erfüllte zunächst die deutsche Sehnsucht nach Einheit. Da aber die Reichsgründung nur im Kreis der deutschen Fürsten und auf französischem Boden stattfand, entstanden gleichzeitig zwei Probleme, die die Entwicklung des Deutschen Reiches belasteten: Die obrigkeitsstaatliche Struktur des Reiches schloß große Teile der Bevölkerung von der politischen

2

Verantwortung aus, und in Frankreich wuchs der Gedanke an die Revanche. Im Rückblick auf diese Kaiserproklamation ist man heute geneigt, in ihr »eine fatale Demonstration der Überheblichkeit des Siegers zu sehen, des außenpolitisch-militärischen, aber auch des innenpolitischen, der auf der ganzen Linie triumphierenden Militärmonarchie« (Gall, S. 450).
Der innere Zusammenhang dieser beiden Postkarten ist auch in der weiteren Entwicklung der dynastischen Beziehungen zwischen Baden und Preußen zu sehen. 1871 war es der Großherzog Friedrich I. von Baden, der in Versailles das »Hoch« auf seinen Schwiegervater, den Kaiser Wilhelm, ausbrachte. Im Oktober 1918 mußte Wilhelm II. Ludendorffs Forderung nach Einführung einer parlamentarischen Regierung erfüllen. Prinz Max von Baden stellte sich als Reichskanzler zur Verfügung und verkündete am 9. November 1918 eigenmächtig die Abdankung des Kaisers, auch als König von Preußen.

Heil Dir Deutschlands größtem Sohne!
Herzlichste Glückwünsche
1. April
1815 - 1895.
Name
Stand
Ort
Verlag: J. Bargou Söhne, Dresden

3

4

No. 230. Postkarten-Verlag Vogel, Leipzig
Von seinem alten Kaiser froh
empfangen
Zieht Bismarck ruhmverklärt
im Himmel ein.
Nun deutsches Volk
bleib ruhig, ohne Bangen,
Er wird von dort jetzt stets Dein
Lenker sein.

5

Der eiserne Kanzler

Otto von Bismarck, vom Kaiser ernannter und keinem Parlament verantwortlicher Reichskanzler, hatte die deutsche Einheit vorbereitet. Damit wurde der Jahrhundertwunsch auch jener Bürger, die Bismarcks Obrigkeitsstaat ablehnten, erfüllt. Auch nach seiner Entlassung im Jahr 1890 genoß Bismarck eine Verehrung, die sich in zahlreichen Huldigungen und mythologischen Allegorien zu seinem 80. Geburtstag und bei seinem Tod im Jahr 1898 niederschlug (4). Die Geburtstagspostkarte von 1895 (3) war, mit aufgedruckter Adresse (»Sr. Durchlaucht dem Fürsten Otto von Bismarck, Friedrichsruh«), als Glückwunschkarte vorgesehen: Der Absender brauchte nur noch Name, Stand und Ort einzutragen. Bismarck-Postkarten mit markigen und aggressiven Sprüchen (5) waren besonders im Ersten Weltkrieg weit verbreitet. »Er ist das Eisen im Blute dieser neuen Zeit.« (Marcks, S. 255.)

6

Nationale Symbole

Der deutsche Michel, Germania, Eiche, Adler und die Reichsfarben »Schwarz-Weiß-Rot« sind die auf diesen beiden Karten (6 und 7) abgebildeten besonders typischen Symbole der Deutschen.
Germania war in Dichtung und Kunst etwa seit den 40er Jahren des 19. Jahrhunderts die Personifikation des deutschen Staates. Die bekannteste Darstellung der Germania wurde die von Johannes Schilling 1877–1883 geschaffene Skulptur auf dem Niederwalddenkmal: eine Mischung aus alter Schlachtenjungfrau (Walküre) und der das Vaterland symbolisierenden deutschen Mutter (vgl. I). Die Eiche galt in vielen Völkern als Ausdruck der Freiheit und Kraft. Im Volksglauben spielte sie aber auch als böser, unheimlicher Baum, als Zauberabwehrmittel eine große Rolle.
Der deutsche Michel, der Spitzname für die Deutschen, war im späten Mittelalter von Erzengel Michael abgeleitet worden (vgl. auch 19 und 65). Zunächst galt Mi-

7

chel als Ehrenname für Helden, der »Deutsche Michel« wird aber seit dem 18. Jahrhundert als gutmütig und politisch schlafmützig verspottet. Die vom »Bund der Deutschen Nordmährens« herausgegebene Karte 6 trägt daher die beziehungsvolle Aufschrift »Michel, wach auf! Daß man im Schlaf dich nicht verkauf'!«. Der Adler galt in der Geschichte vieler Völker als Sinnbild beschützender Macht, als Sonne, aber auch – mit Schnabel und Kralle – als Blitz und Donnerkeil. Der einköpfige, nach rechts sehende Adler Preußens wurde 1871 das Wappentier des Deutschen Reiches. Der »Alldeutsche Verband«, der die Karte 7 veröffentlichte, setzte sich für die Belebung des deutschen Nationalbewußtseins, für die Förderung der Flotten- und Kolonialpolitik und im Ersten Weltkrieg für Annexionen ein. Dieser imperialistische Verband war 1891 als Reaktion auf den Tausch von Sansibar gegen Helgoland gegründet worden.

8

Bündnispartner und Erbfeinde

1882 wurde der Dreibund (8: links) zwischen Deutschland (Wilhelm II.), Österreich-Ungarn (Franz Josef) und Italien (Victor Emanuel II.) geschlossen. Dieses Bündnis brach im Ersten Weltkrieg auseinander: Die Entente-Mächte garantierten Italien seine irredentistischen Ansprüche (z. B. Südtirol). Daraufhin erklärte Italien am 23. Mai 1915 den Krieg an Österreich-Ungarn.
Nach 1890 war Bismarcks System von Defensivbündnissen und seine Politik des Ausgleichs der europäischen Spannungen aufgegeben worden zugunsten einer impulsiveren »Politik der freien Hand«. Als 1894 Rußland (Nikolaus II.) und Frankreich (vermutlich Staatspräsident Félix Faure) den Zweibund (8: rechts) geschlossen hatten, begann in Deutschland die Furcht vor einer »Einkreisung« zu wachsen. Von einem »gesicherten« Frieden konnte schon damals nicht mehr die Rede sein.
In der Völkerschlacht bei Leipzig war Napoleon im Oktober 1813 von den vereinten Armeen Preußens, Österreichs und Rußlands geschlagen worden. Das auf Karte 9 gezeigte Denkmal erinnert an diese blutige Schlacht mit über 100000 Toten. Die Postkarte zur Jahrhundertfeier der Freiheitskriege, die 1815 mit dem Sieg bei Waterloo ihren Abschluß gefunden hatten, zeigt einen behäbigen deutschen Michel und einen gallischen Hahn, der einem aggressiven französischen Soldaten die Marschrichtung kräht.
Die scheinbar gelassene Haltung des deutschen Michel (9) täuscht darüber hinweg, daß seit der Entente cordiale 1904 zwischen Frankreich und England ein »herzliches Einverständnis« in außenpolitischen und militärischen Fragen entstanden war. Die »Erbfeindschaft« zwischen Deutschland und Frankreich war über Jahrhunderte hinweg gekennzeichnet durch Rivalitäten, Feldzüge, Kriege und Besetzungen.

Nur sachte François - mich kannste garnicht reizen,
Du weisst - vor 100 Jahren - da schlug es auch mal 13!
Zur Jahrhundertfeier der Freiheitskriege
1813
1913

9

10

Antisemitismus vor 1900

Religiöse und wirtschaftliche Gegensätze führten schon im Mittelalter zu antisemitischen Strömungen und Sanktionen gegen die Juden. Die Emanzipation der Juden als Folge der Aufklärung wurde im Laufe des 19. Jahrhunderts in den Verfassungen verankert. Gegen den zunehmenden Einfluß der Juden in Staat und Gesellschaft wandten sich seit 1879 christlichsoziale (Adolf Stoecker) und deutschnationale (Georg Ritter von Schönerer) Bewegungen, deren Ziele nach dem Ersten Weltkrieg von den Nationalsozialisten aufgegriffen wurden. Die Postkarten spiegeln die antisemitische Stimmung um die Jahrhundertwende. Die Karte von »Neu-Jerusalem am fränkischen Jordan« (11), die vom »einzigen judenfreien Hotel in Frankfurt« grüßt, erinnert daran, daß die antisemitische Deutschvölkische Partei vor dem Ersten Weltkrieg in Hessen ihre stärkste Anhängerschaft hatte.

Gruss aus dem Kölner Hof
KÖLNER HOF
KÖLNER HOF
Einziges JUDENFREIES HOTEL in FRANKFURT a/M
Scharnhorststrasse No 37-39
Gneisenaustrasse No 3 vom Bahnhof aus gesehen
Kölner Hof.
KÖLNER HOF
Hauptbahnhof rechter Ausgang.
NEU-JERUSALEM
am fränkischen Jordan.

11

12

— Und wenn se Alle drinne sind —
dann Herr! Oh dann mach de Klappe szu
und ganz Europa hat denn Ruh! —
Nach Palästina
Der Juden-Zug durchs Rote Meer.
Gruss aus
Jtz sain unsre Leit
Rebbes

13

»Deutschlands Zukunft liegt auf dem Wasser«

Während Bismarcks Außenpolitik das leicht verletzbare Kräftegleichgewicht in Europa im Auge hatte, änderte sich die Reichspolitik ab 1890 durch das »persönliche Regiment« des jungen Kaisers Wilhelm II. Hatte Bismarck nur zögernd die »Flagge dem Handel« folgen lassen, galt nun für Deutschland der Anspruch auf einen »Platz an der Sonne«. Ihm entsprach die Maxime »Weltpolitik als Aufgabe, Weltmacht als Ziel, Flotte als Instrument«. Der 1898 gegründete Flottenverein machte das Flottenbau-Programm populär. Die deutschen See-Interessen lenkten von innenpolitischen Spannungen ab. Die Empfindungen des Volkes gegenüber der Flotte kommen in einem Zitat aus dem Volksbuch ›Unsere Flotte‹ zum Ausdruck: »Es gibt wohl kein großartigeres Bauwerk von Menschenhand, wo Geist und Scharfsinn eine solche Machtanhäufung von physischen Kräften auf einem so kleinen Raum geschaffen haben, um den Willen des Staates, den Willen eines Volkes energisch zur Geltung zu bringen und durchzusetzen, als ein modernes Linienschiff. Wenn ein Binnenländer ein solches Schiff betritt, so empfindet er diese mächtige Kraft unwillkürlich. Staunend geht er durch die Decks, um schließlich erhobenen Hauptes sich zu sagen: Dieses stolze Bauwerk gehört deinem Vaterlande, du hast selbst teil daran.« (Hersfeld, S. 8.)
Karte 14, die die Prinzen Louis Ferdinand und Wilhelm als angehende Matrosen zeigt, erhält vor diesem Hintergrund ihre propagandistische Bedeutung.

Die Söhne unseres Kronprinzenpaares
Prinz Louis Ferdinand
von Preussen
Prinz Wilhelm
von Preussen

14

15

16

Prinzipal:
„Früher
hatte ich nur
männliche
Angestellte,
aber jetzt
kann ich
jederzeit
billige weib-
liche Ar-
beitskräfte
in Hülle und
Fülle
erhalten!“
IVO PUHONNÝ
Verlag der Buchhandlung des D. H. V., Hamburg. Karte Nr. 7

17

Deutsche Frauen

Aufklärung und industrielle Revolution führten zu einer intensiven Diskussion der Frauenfrage. Der Widerspruch zwischen den Anforderungen der arbeitsteiligen Wirtschaft an die Frau als Trägerin verschiedener Rollen und die den Frauen tatsächlich zugestandene Stellung löste die Frauenbewegung aus. Karte 16 nimmt gegen »unweibliche« Frauenarbeit und für »natürliche Berufe der Frau« Stellung. Über das Verhältnis der Geschlechter ist in Meyers Konversations-Lexikon von 1887 am Schluß des Artikels »Frauenfrage« zu lesen: »Dem Mann der Staat, der Frau die Familie!« Karte 15 entstammt einer Serie »Deutsche Mütter«.

Ein ganz anderes Bild der Frau spiegelt die Postkarte vom Loreleyfelsen (17). Die Sage von der Zauberin, die die Menschen ins Verderben lockt, wurde in Heinrich Heines Volkslied zur Geschichte des Schiffers, der die gefährlichen Felsenriffe im Strom nicht sieht.

18

Mord und »Obstruktion« im Vielvölkerstaat

Das Österreich-Ungarische Reich mit seinem habsburgischen Kaiserhaus drohte im 19. Jahrhundert immer wieder an den Spannungen zwischen den vielen Völkern zu zerbrechen. 1853 heiratete Kaiser Franz Josef seine 16jährige Kusine Elisabeth (»Sissi«) von Bayern. Als Kaiserin von Österreich und Königin von Ungarn war sie eine der Symbolfiguren der k. u. k. Monarchie. 1898 wurde Elisabeth Opfer eines Attentats. Eine Österreicherin sandte diese Trauerkarte nach Berlin (18): »Werteste Sammlerin! In Trauer und hoher Verehrung erlaube ich mir zur Erinnerung das Porträt unserer edlen Monarchin zu senden! Bitte verzeihen Sie mein langes Schweigen, und empfangen den herzlichsten Dank für ihre freundlichen Grüße! Mit bestem Sammlergruß Ihre M. T. 26. 9. 98«.
Die Deutschnationale Bewegung in Österreich-Ungarn gab sich unter der Leitung Georg Ritter von Schönerers (vgl. auch 10–12) das Linzer Programm, das eine stärkere Orientierung zum Deutschen Reich forderte (19: »Einig und stark, deutsch bis in's Mark!«). Als 1897 der Pole Graf Badeni als Ministerpräsident in Wien die tschechenfreundliche Sprachenverordnung erließ (Anträge der Bevölkerung in Böhmen und Mähren sollten von den Behörden in tschechischer Sprache behandelt werden), kam es zu einem leidenschaftlichen Kampf der Deutschen in Böhmen. Dieser Widerstand führte 1899 zur Aufhebung der Sprachenverordnung.
Die Farben des auf der Grußkarte 19 abgebildeten Emblems: Schwarz-Rot-Gold; St. Michael streitet für die Sache der Deutschen; oben ist das Wiener Parlament abgebildet.

Obstruction
St. Michael
Hinweg mit der Sprachen-Verordnung!
Sprachen-Verordnung
Einig u. stark, deutsch bis in's Mark!
GRUSS
aus

19

20

Legitimation

In der Gegenüberstellung dieser beiden Bilder spiegeln sich die gegensätzlichen Vorstellungen von Legitimation politischer Macht. Während die vom Volk unabhängige monarchische Obrigkeit sich auf den göttlichen Willen als Quelle der Legitimation beruft, wird eine demokratische Regierung durch Wahlen legitimiert, in denen die Bevölkerung ihre Zustimmung bzw. ihre Ablehnung ausdrücken kann. Die Regierenden können sich also auf das Mandat der Mehrheit berufen. Dagegen ist »Dei gratia« (von Gottes Gnaden) seit der Karolingerzeit eine dem Herrschertitel beigefügte Formel, die ursprünglich Bescheidenheit und Frömmigkeit zum Ausdruck bringen sollte. Mehr und mehr wurde sie aber zum Anspruch auf die von irdischer Kontrolle unabhängige fürstliche Macht. Dieses mystische Gottesgnadentum, von dem Wilhelm II. überzeugt war, stand im Widerspruch zu den Forderungen nach Demokratie und Bürgerrechten.

21

Obwohl das gleiche Wahlrecht in den meisten deutschen Verfassungen schon realisiert worden war, galt das Dreiklassenwahlrecht für die Wahl des preußischen Abgeordnetenhauses bis 1918.
Das Bild mit Wilhelm II. (20) zeigt die Symbole des Bündnisses von »Thron und Altar«: Bibel, Kreuz, Schwert und Krone. Auf Karte 21 zertritt August Bebel mit der roten Fahne (Aufschrift: »Das freie Wahlrecht«) in der Hand »Das III Klassen-Wahlrecht«. Bebel hatte 1869 zusammen mit Wilhelm Liebknecht die Sozialdemokratische Arbeiterpartei gegründet, aus der 1890 die Sozialdemokratische Partei Deutschlands (SPD) hervorgegangen ist. Als 1891 Wilhelm II. Arbeiterschutz-Gesetze erließ, die nicht die Zustimmung Bebels und der SPD fanden, bezeichnete der Kaiser die Sozialdemokraten als »vaterlandslose Gesellen«.

Rathauskeller
In Köpenick ist ein Ding passiert, ei – ei!
Das Bürgermeisterpaar wird arretiert,
Und die Kasse konfisziert,
Doch der Hauptmann, mit die O-Beine,
Ach, der kommandiert!

22

23

GOTT MIT UNS.
Deutschland, Deutschland über Alles!

24

Voraussetzung für Preußens Aufstieg zu einer führenden europäischen Macht war die vom »Soldatenkönig« Friedrich Wilhelm I. im 18. Jahrhundert aufgebaute und von Friedrich dem Großen in vielen Schlachten erfolgreich geführte Armee. Die Dominanz des Militärischen in Politik und Gesellschaft war Voraussetzung für das Bestehen und Überleben des territorial zerrissenen preußischen Staates. Das militärische Denken erhielt Auftrieb durch den napoleonischen Machtanspruch zu Beginn des 19. Jahrhunderts und durch die scheinbar unumgängliche »Eisen- und Blut-Lösung« der Deutschen Frage.
Eine berühmte Militär-Satire schrieb das Leben selbst (22): Am 16. Oktober 1906 stellte der Schuhmacher Wilhelm Voigt, als Hauptmann verkleidet, einige Soldaten unter seinen Befehl und besetzte mit ihnen das Rathaus von Köpenick. Er verhaftete den Bürgermeister und beschlagnahmte die Stadtkasse. Diese Köpenickiade, als Schauspiel von Carl Zuckmayer 1931 in Berlin uraufgeführt, demonstriert die Sonderstellung und Verherrlichung des Militärischen in Politik und Gesellschaft des Deutschen Reiches. Kaiser Wilhelm II. äußerte belustigt: »Da kann man sehen, was Disziplin heißt! Kein Volk der Erde macht uns das nach!«
Religiöse und nationale Bekenntnisse wurden auf Postkarten mit Symbolen der »Schimmernden Wehr« illustriert (23). Das Übergewicht des Militärischen wurde mit der vom Zwang zum Zweifrontenkrieg (gegen Frankreich und Rußland) »gegen eine Welt in Waffen« (24, links Graf von Moltke) gekennzeichneten geostrategischen Lage Deutschlands begründet und führte mit dem Schlieffen-Plan (1905) zur Unterordnung des politischen Handelns unter die Planungen von Armee und Marine.

7000.
Die Welt ist unser Vaterland!
Und alle Menschen Brüder!
Gruß vom
Gewerkschaftsfest!

25

26

BRÜDERLICHKEIT
GLEICHHEIT
FREIHEIT
WELT-FEIERTAG

27

Die soziale Frage

100 Jahre nach der Französischen Revolution wurde am 14. Juli 1889 auf dem Gründungskongreß der II. Sozialistischen Internationale in Paris beschlossen, am 1. Mai 1890 eine große internationale Kundgebung für den 8-Stunden-Tag, das Koalitionsrecht und die Völkerverständigung durchzuführen. Bereits ein Jahr später wurde der 1. Mai als ständiger Kampf- und Feiertag proklamiert. Die Unternehmer reagierten mit Aussperrungen. Erst nach 1918 wurde der 1. Mai in einigen europäischen Ländern gesetzlicher Feiertag. Die in Leipzig entstandenen Postkarten 25 und 26 weisen auf den internationalen Charakter der Arbeiterbewegung und auf die Ziele der Französischen Revolution hin. Die mit der Krankenversicherung 1883 begonnene Sozialgesetzgebung, Bismarcks größte innenpolitische Leistung, sollte zunächst als »Revolution von oben« zusammen mit dem Sozialistengesetz die sozialistische und kommunistische Agitation eindämmen und die Arbeiterschaft integrieren. Diese psychologisch fragwürdige Koppelung von Peitsche und Zuckerbrot vergrößerte jedoch die Kluft zwischen Arbeiterschaft und bürgerlicher Gesellschaft. Die Parteidisziplin und -solidarität der SPD wurde gestärkt, und 1912 stellte sie die stärkste Fraktion des Deutschen Reichstages. Die vom Zentrum herausgegebene Postkarte 27 zeigt Deutschland als Sieger in der internationalen Konkurrenz der Sozialversicherungen. Sarkastisch wird unten angemerkt: »Kein anderes Land der Welt hat eine derartige Sozialversicherung; die Sozialdemokratie stimmt dagegen.« Der Blick aus dem Fenster des Krankenzimmers fällt auf eine landwirtschaftliche Szene vor den Schloten der Schwerindustrie: das im Kaiserreich maßgebliche »Bündnis von Roggen und Eisen«.

28

Streik und Revolutionsangst

Im Mai 1902 forderten Stuttgarter Straßenbahner den 10-Stunden-Tag und einen geringen Lohnzuschlag. Daraufhin wurden zwei vermeintliche Rädelsführer entlassen. Am 1. Juni 1902 kam es in der Bevölkerung zu Streik und Solidaritätsdemonstrationen. Die Direktion des privaten Straßenbahn-Unternehmens machte zwar Zugeständnisse, beharrte aber auf dem Verbot gewerkschaftlicher Organisation für die Straßenbahner. Schon damals versuchte der Stuttgarter Gemeinderat, die Straßenbahn zu kommunalisieren, eine Absicht, die vom Amtsgericht für unzulässig erklärt wurde. Straf- und Haftbefehle beendeten diesen Streik, ohne daß die Forderungen erfüllt worden wären.

Die Angst vor einem Umsturz der bestehenden Staats- und Gesellschaftsordnung spiegelt die Grußkarte »aus dem Zukunftsstaat« (29).

Viele Probleme belasteten das Kaiserreich: Es fehlte die notwendige Grundübereinstimmung der Klassen und Gruppen. Es gab keine gemeinsame, auch die Arbeiterschaft begeisternde nationale Tradition und Zukunftsperspektive. Die preußisch-deutsche Form des konstitutionellen Systems schloß den größten Teil der Bevölkerung von der politischen Verantwortung aus. Ein Ventil für die zwangsläufigen Spannungen fand die wilhelminische Politik in der weltpolitischen Expansion (vgl. auch 48). 1914 nahmen Befürchtungen und Stimmungen wie Revolutionsangst und Kriegsfatalismus einen unkontrollierbaren Einfluß auf die politische und militärische Entwicklung.

Die Vision der Karte »Gruß aus dem Zukunftsstaat« stellt die gesellschaftlichen Verhältnisse auf den Kopf. Der Arbeiter sitzt vor Sekt und Wein und läßt den Landedelmann auftragen.

B. 6/V. 99
Gruß aus dem Zukunftsstaat.
Auf Grund Eurer freundlichen Einladung werde ich morgen zwischen 4–5 Uhr bei Euch sein.
Besten Gruß Ewald.
Na, Sie oller Krautjunker, man 'n bisken plötzlich! Sie wollen mir wohl nothleiden lassen!

29

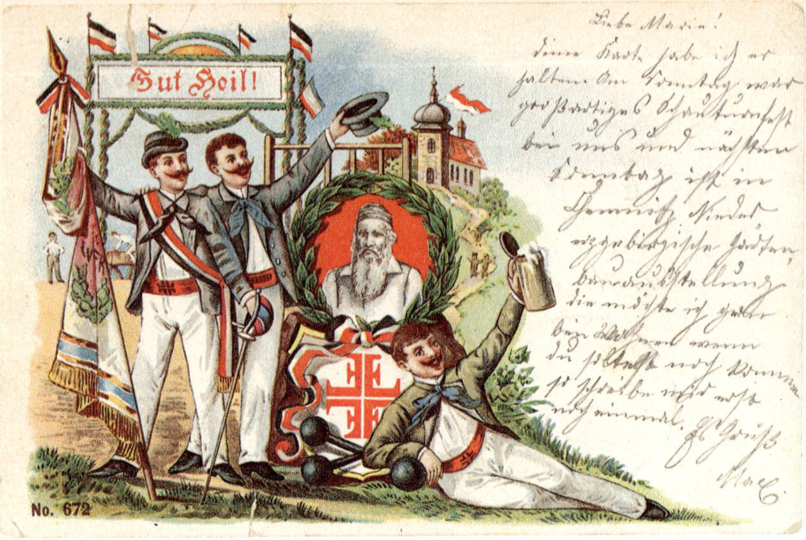

30

Deutscher Sport: »Gut Heil« contra »Solidarität«

Diese beiden Ansichtspostkarten dokumentieren die Gegensätze zwischen der bürgerlichen und der proletarischen Turn- und Sportbewegung. Im Mittelpunkt von Karte 30 das Emblem der vier F – »Frisch-Fromm-Fröhlich-Frei« – und das bekränzte Porträt von Friedrich Ludwig Jahn, dem politischen Schriftsteller (›Über die Beförderung des Patriotismus im Preußischen Reich‹), »Turnvater«, Werber für das Lützowsche Freikorps in den Befreiungskriegen, Vortragsredner über deutsches Volkstum, 1819 als »Demagoge« (Demokrat) verurteilt, 1848 als Abgeordneter in der Paulskirche Verfechter des preußischen Erbkaisertums. Dagegen die Postkarte vom Arbeiter-Radfahrer-Bund (31): Die Palme in der Hand einer Gestalt, die an die französische Marianne erinnert und die Freiheitssehnsucht der deutschen Arbeiterbewegung allegorisiert. Marie Anna war die Frau aus dem Volk, die als Freiheitsheldin in der Junischlacht 1848 die Kämpfenden anfeuerte und die Verwundeten pflegte.

1893 wurde in Gera der »Arbeiterturnerbund Deutschland« und in Leipzig ein proletarischer Radfahrerbund gegründet. Zwischen den Arbeiterturnvereinen und der »Deutschen Turnerschaft« kam es 1895 zu Auseinandersetzungen. Beim Bundestag der Turnerschaft war beschlossen worden, daß die Mitglieder ausschließlich vaterländische Lieder singen und Kaiser und Reich unbedingte Treue halten sollten. 1899 wurde daher als Zeichen der Distanzierung der Turnergruß »Gut Heil« in »Frei Heil« abgewandelt. Der Wahlspruch »Frisch-Fromm-Fröhlich-Frei« hieß jetzt für den Arbeiterturnerbund »Frisch-Frei-Stark-Treu« (FFST).

Da der in Leipzig gegründete Radfahrerbund auch »politische Agitation für die Sozialdemokratie« anstrebte, wurde

31

er nach dem sächsischen Vereinsgesetz gleich wieder verboten. Die Neugründung erhielt den Namen »Solidarität«. Diesem Bund traten im Laufe der Zeit die meisten Arbeiterradfahrervereine bei.

Um die Jahrhundertwende entwickelte sich das Fahrrad zum wichtigsten Verkehrsmittel der Arbeiter, nachdem es bis etwa 1890 ein Privileg der besitzenden bürgerlichen Klasse gewesen war. Neben Wander- und Agitationsfahrten (»Rote Husaren im Klassenkampf«) rückten sportliche Ziele in den Mittelpunkt: Kunstfahren, Rad-Akrobatik und – in Opposition zur »egoistischen Rekordjägerei« – Wettkämpfe im Langsamfahren.

32

»Burgfrieden«

In den letzten Julitagen des Jahres 1914, kurz vor Ausbruch des Ersten Weltkrieges, löste ein Aufruf des SPD-Parteivorstandes in vielen Städten Antikriegsdemonstrationen aus, an denen etwa eine halbe Million Menschen beteiligt war. Gegen die Stimmen von 14 Abgeordneten wurde dann aber in der SPD-Fraktion die Zustimmung zu den Kriegskrediten beschlossen. Die Sozialdemokraten erklärten am 4. August 1914 auf der Reichstagssitzung durch ihren Fraktionsführer Hugo Haase: »Wir lassen in der Stunde der Gefahr das Vaterland nicht im Stich« (32). Wilhelm II. hatte sein Wort von den »vaterlandslosen Gesellen« zurückgenommen und auf dieser Reichstagssitzung erklärt: »Ich kenne keine Parteien mehr, ich kenne nur Deutsche« (33). Die vaterländische Treue spiegelt sich auch in der Emblematik dieser beiden Karten: Beide zeigen die Farben Schwarz-Weiß-Rot (vgl. auch den Text zu 74 und 75).

33

Die Schranken der kaiserlichen Klassengesellschaft sollten im Angesicht der Schlachtfelder und des Todes abgebaut werden. Das sozialdemokratische Streben, von den Machthabern des Reiches als potentielle Regierungspartner akzeptiert zu werden, traf sich mit des Kaisers Ziel, durch einen »Burgfrieden« im Inneren die militärische Front zu stärken. Mit diesem Beitrag zur nationalen Einigkeit wurde die im Revisionismusstreit theoretisch begründete Spaltung der SPD (»hier die Verräter am Vaterland – dort die Verräter an der Revolution«) beschleunigt.

34

Illusionen

Vielen Deutschen erschien noch im August 1914 der Krieg eine Wiederholung des Krieges gegen Frankreich im Sommer 1870. Ein zweites Sedan wurde erwartet – bis der deutsche Angriff im September an der Marne zum Stehen kam und aus dem Bewegungskrieg ein langwieriger Stellungskrieg (»Aktion Blutpumpe«) wurde, ohne Hoffnung auf eine baldige Entscheidung. Sehr optimistisch gibt sich die verharmlosend kindliche Karte 35: »Na ja, erst fangste an und denn rückste aus!«, während der kleine Franzose heulend davonläuft: »Ich spiele nicht mehr mit, Du haust so derbe!« Karte 34 trägt die Aufschrift »Glänzender Entscheidungssieg bei Metz«.
Die militärischen Anfangserfolge im Osten (Tannenberg) und Westen wurden überschätzt und Anlaß für hochgesteckte, unrealistische Kriegsziele. Bürgschaften und Garantien sollten einen dauerhaften Frieden sichern: Mitteleuropa als wirtschaftliche Einheit unter deutsch-österreichischer Vorherrschaft mit wirtschaftlichen Einflußsphären (Frankreich und Rumänien).
Um diese Vormachtstellung zu erreichen, wurde der Siegfrieden das erklärte Ziel. So blieben später die Bemühungen um einen Verständigungsfrieden ohne Annexionen, den in einer Friedensresolution die Mehrheitsparteien – Zentrum, Fortschrittspartei und SPD – am 19. Juli 1917 gefordert hatten, vergeblich. Dieses Streben nach Hegemonie gab Frankreich Anlaß zu einer Nachkriegspolitik der Vergeltung. (Vgl. auch 9, 66, 67, 82 und 83.)

PARIS
„Ich spiele nicht mehr mit, Du haust so derbe!"
„„Na ja, erst fangste an und denn rückste aus!""
Hugo Spindler

35

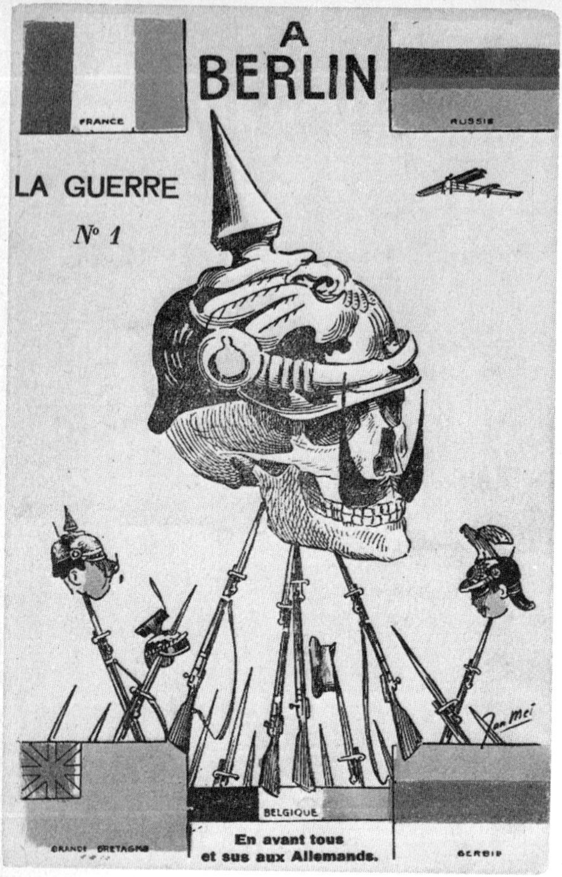

36

Feindbilder

Die populäre Darstellung des Krieges und die ironisch-abschätzige Verniedlichung des Gegners diente der Förderung von Begeisterung, Identifikation und Einsatzbereitschaft der Menschen in den am Krieg beteiligten Ländern. Die in Toulouse als Kriegskarte Nr. 1 herausgegebene Postkarte 36 entspricht dem seit 1871 lebendigen Revanchedenken (vgl. auch 2) in Frankreich. Wilhelm II. – Symbolfigur des deutschen Militarismus – steht auch im Mittelpunkt der in Rußland publizierten Postkarte 37. Sie zeigt die Mächte des Dreibundes Rußland, Frankreich und England, dargestellt als Tante Wilhelms II., eine Anspielung auf die verwandtschaftlichen Beziehungen zwischen den Hohenzollern und den anderen europäischen Fürstenhäusern: »Der böse Knabe hat ein Feuer gelegt und wollte Europa verbrennen. Seine Tante hat ihn eingefangen, übers Knie gelegt und den ganzen Kerl versohlt.«

Негодный мальчишка устроилъ поджогъ
(Спалить онъ задумалъ Европу).
Поймая его тетя, зажала межъ ногъ,
Вспорола мальчишкѣ всю....

37

38

»Sonnenschein in ernster Zeit«

Karten einer Serie »Sonnenschein in ernster Zeit« versuchten, einen heiteren und hoffnungsvollen Aspekt der Kriegsereignisse darzustellen. Die lieblich-unbekümmerten Szenen trugen zur Verharmlosung des menschenvernichtenden Frontgeschehens bei. Daneben dokumentieren sie Mode, Geschmack und Verhaltensweisen einer scheinbar heilen, am militärischen Denken orientierten Welt. Das Interesse am Aufstieg in der Armeehierarchie (38: »Wann darf man denn Herr Leutnant sagen?«) und die weibliche Stammtischkriegszielpolitik (39: »Kinder, – – das müssen wir noch haben!«; vermutlich zieht es die Damen nach Paris) lassen noch nichts ahnen von den gesellschaftlichen und politischen Erschütterungen, die der Fortgang des Krieges mit sich bringen sollte.

„Kinder, — — das müssen wir noch haben!"

39

40

Für Gott und Vaterland

In einer 1915 erschienenen Schrift von Dietrich Vorwerk mit dem Titel ›Was sagt der Weltkrieg den deutschen Christen?‹ heißt es im ersten Abschnitt unter der Überschrift »Vom falschen Frieden zum ehrlichen Kriege!«: Deutschland und seine Bundesgenossen »haben diesen Weltkrieg zwar nicht gewollt. Sie haben alles getan, um ihn zu verhindern. Dennoch hat sich bei ihnen allen sofort nach Ausbruch des Krieges eine jauchzende Kriegsbegeisterung gezeigt, die das furchtbare Verhängnis dieses ungeheuren Völkerringens als ein leuchtendes Gnadengeschenk Gottes annahm.« (Vorwerk, S. 13.)

Diese merkwürdige Interpretation christlichen Glaubens ließ keine Zweifel daran aufkommen, daß Gott nur auf der Seite der eigenen Soldaten und Waffen sei: »Zu Schanden kam durch unser Heer der Feind mit Hohn und Spott. Dem Höchsten sei dafür die Ehr, nun danket alle Gott!« (40).

41 

Auf Karte 41 sind die beiden Mädchen auf dem Weg zur Kriegsmetallsammelstelle. Gold- und Kupfersammlungen dienten während des Krieges der Rüstungsfinanzierung (»Gold gab ich zur Wehr, Eisen nahm ich zur Ehr«). Auch hier die Vermischung religiöser und politischer Begriffe: »Für den Altar des Vaterlandes!«

42

»Wir spielen Weltkrieg«

Die Vorstellung vom gewonnenen Weltkrieg, vom Siegfrieden, sollte – nach dem Motto eines Kinderbuchs ›Wir spielen Weltkrieg‹, dem Karte 42 entstammt – bis ins Kinderzimmer hinein das Bewußtsein der Bevölkerung prägen und beherrschen. Ab Januar 1915 wurde ein Teil des Luftkrieges gegen England mit Zeppelin-Bombardements bestritten. Im Kinderzimmer werden Angst und Schrecken in London gespielt (43). Die Bilanz war aber eher kläglich: Die meisten Zeppeline gingen im Kampf oder durch Naturereignisse verloren.

»Wir werden siegen« (44): Kinder aus Österreich, Deutschland und der Türkei in einer Schicksalsgemeinschaft! Das Bündnis mit der Türkei sperrte die Dardanellen für die russischen Schiffe. Da auch die Ostsee gesperrt war, mußte Rußland über die Eismeerhäfen versorgt werden. Der Mangel an Munition trug 1917 zur russischen Niederlage bei.

P.O.E.
Kriegshafen v. England
London.
Zeppelin kommt!

43

44

Wir werden siegen.

45

Der Nationalheros

Mit der Schlacht bei Tannenberg im August 1914 begann nach der russischen Invasion die Befreiung Ostpreußens. Sie machte Paul von Hindenburg zum legendären Heerführer. 1916 wurde er Chef der Obersten Heeresleitung.
Im Schatten von Hindenburgs Popularität stand sein Erster Generalquartiermeister Erich Ludendorff, der die Gesamtoperationen leitete. Durch seine Siegfrieden-Parole und durch Rücktrittsdrohungen wurde Ludendorff im Laufe des Krieges der starke Mann des Kaiserreiches. Nach der Niederlage 1918 leitete Hindenburg den Rückmarsch und die Demobilisierung des deutschen Heeres. In seinen Erinnerungen ›Aus meinem Leben‹ schrieb er 1919: »Wir waren am Ende! Wie Siegfried unter dem hinterlistigen Speerwurf des grimmen Hagen, so stürzte unsere ermattete Front; vergebens hatte sie versucht, aus dem versiegenden Quell der heimatlichen Kraft neues Leben zu trinken. Unsere Aufga-

46

be war es nunmehr, das Dasein der übriggebliebenen Kräfte unseres Heeres für den späteren Aufbau des Vaterlandes zu retten. Die Gegenwart war verloren. So blieb nur die Hoffnung auf die Zukunft.« (Hindenburg, S. 403) Die Heimat war also dem siegreichen Heer in den Rücken gefallen. Diese Legende vom »Dolchstoß« belastete die Nachkriegszeit und die Weimarer Republik, deren Präsident Hindenburg 1925 wurde. Nach der Ernennung Hitlers zum Reichskanzler am 30. Januar 1933 schrieb Ludendorff, der gewiß zu den Gegnern der Weimarer Republik gehört hatte, an Hindenburg: »Ich prophezeie Ihnen feierlich, daß dieser unselige Mann unser Reich in den Abgrund stoßen, unsere Nation in unfaßliches Elend bringen wird, und kommende Geschlechter werden Sie verfluchen in Ihrem Grab, daß Sie das getan haben.« (Binder 1966, S. 276.)

47

1840 veröffentlichte Max Schneckenburger das Kriegslied »Es braust ein Ruf wie Donnerhall – wie Schwertgeklirr und Wogenprall: Zum Rhein, zum Rhein, zum deutschen Rhein. Wer will des Stromes Hüter sein?« (47). Sein Refrain lautete: »Lieb Vaterland, magst ruhig sein, fest steht und treu die Wacht am Rhein«. Das Lied wurde im deutsch-französischen Krieg 1870/71 besonders populär und am 2. September 1914 von Gymnasialdirektor Evers in seiner Sedanrede in der Aula des königlichen Friedrich-Wilhelm-Gymnasiums in Berlin zitiert: »Jubelnd strömte alles zu den Waffen, jung und alt – ein heroischer Zug alter Germanenkampflust ließ die Herzen aller höher schlagen! (... Es) zog die ›Wacht am Rhein‹ zum Rhein – übern Rhein – nach Frankreich hinein. Auf den Gefilden Sedans sank das Kaisertum Frankreichs in den Staub!« (Doehring, S. 176) Die häufigen Versuche Frankreichs, Einfluß im linksrheinischen Deutschland zu gewinnen, machten den Rhein zu einem Symbol der nationalen Identität der Deutschen.

Karte 48 »Auf Beobachtungsposten vor Tsingtau« gibt eine Szene aus den Kolonialkriegen wieder. 1897 nahm der deutsche Kaiser die Ermordung von zwei deutschen Missionaren zum Anlaß, sich an der Aufteilung des auseinanderbrechenden chinesischen Kaiserreiches zu beteiligen und ein »deutsches Hongkong« in der Provinz Shantung zu gründen. 1898 verpachtete China dem Deutschen Reich auf 99 Jahre ein Gebiet um die Bucht von Kiautschou und überließ die Provinz Shantung dem deutschen Einfluß.

Tsingtau, von deutschen Architekten und Ingenieuren als Hafenstadt mit Kirchen, Krankenhäusern und Schulen im wilhelminischen Stil gebaut, galt bald als sauberste Stadt im Fernen Osten und als

48

wohlhabende Kolonie. Dem Ausbruch des Ersten Weltkrieges folgte das Ultimatum Japans, Tsingtau bis zum 15. September 1914 bedingungslos zu übergeben. Der Gouverneur Meyer-Waldeck hielt am 23. August 1914 eine Ansprache an die knapp 5000 Mann starke Besatzung, die sich gegen 30000 Japaner verteidigen sollte: »Niemals werden wir freiwillig auch nur das kleinste Stück Erde hergeben, über dem die hehre Reichskriegsflagge weht. Von dieser Stätte, die wir mit Liebe und Erfolg seit 17 Jahren zu einem kleinen Deutschland über See auszugestalten bemüht waren, wollen wir nicht weichen.« (Klammerer, S. 46) Am 7. November 1914 mußten sich die Deutschen ergeben.

Der Weltkrieg 1914. No 12.
Von der russischen Grenze: Täglich Fütterung sämtlicher Raubtiere.

49

50

Väterchen, in deinem Lande
Ist es eine Affenschande!
Wir kommen euch zu kultivieren,
Und recht gründlich zu desinfizieren!

51

Chauvinismus

In den ersten Kriegswochen machte die ostpreußische Bevölkerung bittere Erfahrungen mit den russischen Besatzungstruppen. Nach der Schlacht bei Tannenberg eroberten die deutschen und österreichischen Armeen große Teile des russischen Territoriums. In der Tradition sozialdarwinistischer und rassistischer Ideologien war das Selbstbewußtsein der – nach Gobineau – »edelsten Rasse der Welt« (Grebing, S. 9) bei der »Befreiung des Ostens« von entsprechender Arroganz und kulturmissionarischem Eifer geprägt (49: »Von der russischen Grenze: Täglich Fütterung der Raubtiere« – 50: »Väterchen, in deinem Lande ist es eine Affenschande! Wir kommen euch zu kultivieren und recht gründlich zu desinfizieren!«). Das Bewußtsein der zivilisatorischen Überlegenheit wird zum Beispiel auch in den Lexika um die Jahrhundertwende dokumentiert. Danach waren die Großrussen offenherzig und gastfrei, »aber auch träge, unordentlich, dem Trunk ergeben ... Zu den Schattenseiten des russischen Charakters gehören noch Streben nach materiellen Genüssen, Neigung zu Betrug und Diebstahl, Bestechlichkeit ...« (Meyers Konversations-Lexikon, 1889). Das überhebliche Versprechen »Ein jeder von Euch kriegt seine Keile!« (51, der letzte in der Reihe, Japan, ist als Affe dargestellt) versucht, die tatsächliche Problematik des bestehenden Zweifrontenkrieges »humorvoll« zu überspielen.

52

53

Kohlenträgerinnen.

56

54

»Die Heimatfront«

Das Los der Frauen, deren Männer, Söhne und Brüder an der Kriegsfront waren, verklärt die Postkarte 52: »Die Bauern fern im Feindesland, daheim die Bäuerinnen; all' beide Eisen in der Hand – und Gold im Herzen drinnen!« Die Kriegsjahre haben zur Emanzipation der Frauen, die vielfach auch in den Industriebetrieben und in traditionellen Männerberufen (53) beschäftigt wurden, wesentlich beigetragen. Der Weltkrieg war für die »Heimat« aber auch geprägt von der Sorge um das tägliche Brot. Die Hungerblockade der Entente-Mächte führte zu großen Versorgungsschwierigkeiten im »Kohlrübenwinter« von 1916/17. Auf der dritten Postkarte (54) ist die ursprüngliche Bildunterschrift korrigiert worden. »Gefallen«, diese Verharmlosung eines für die betroffene Familie tragischen und schmerzlichen Ereignisses, wurde geschwärzt: »Sein Leben weihte er dem Vaterland« konnte besser patriotische Gefühle wecken.

55

Galgenhumor

Ironisch-sarkastische Anleihen bei Formulierungen mit patriotisch-propagandistischem Ziel prägen diese Feldpostkarten. 55: »Bombensicher eingedeckt, weil der Kopf im Stahlhelm steckt, fragt der deutsche Feldsoldate nicht nach Bombe und Granate.« Und 56: »So seh' ich aus! – Ja der Soldate ist der schönste Mann im ganzen Staate.«
Diese Karten wurden im Januar 1918 unzensiert in die Heimat geschickt, im gleichen Monat, in dem mehrere hunderttausend Arbeiter in Berliner Betrieben in den Streik traten.

So seh' ich aus!
Joh. Wunderlich
Ja der Soldate
ist der schönste Mann
im ganzen Staate.
Es grüßt Dich herzl. Dein: Paul.

56

ÜBER DEN KRIEGSWOLKEN
ENGLAND
BELGIEN
RUSSLAND
DEUTSCHLAND
FRANKREICH
JTALIEN
OESTERREICH
BALKAN
TURKEI
MAROKKO
TRIPOLIS
AEGYPTEN

57

58

»Die Insel des Friedens«

In der Schweiz, deren »ewige« Neutralität auf dem Wiener Kongreß 1814/15 vereinbart worden war, wurde 1863 das Rote Kreuz durch den 1901 mit dem Friedensnobelpreis ausgezeichneten Henri Dunant gegründet. Die Genfer Konvention von 1864 zur Verbesserung des Loses der Verwundeten und Kranken bei den Feldheeren war zunächst von 12 Ländern unterschrieben und 1899 auf den Seekrieg ausgedehnt worden.
Während die Karte 57 die Schweizer Neutralität als eine melancholische Idylle darstellt, erinnert die Bundesfeier-Postkarte von 1916 (58: »Souvenir du 1er Août 1916«) an den Pflegeaufenthalt der kranken Kriegsgefangenen in der Schweiz. Die Soldaten in französischer und deutscher Uniform werden von einer Schwester des Roten Kreuzes betreut. Im Hintergrund sind Höhenfeuer zu sehen. Diese werden in der Schweizer Tradition am 1. August jeden Jahres zum Gedenken an den »Ewigen Bund«, der am 1. August 1291 gegen die Vorherrschaft Habsburgs geschlossen worden war, abgebrannt.

59

Revolution

Deutschlands Zukunft sollte auf dem Wasser liegen (vgl. 13)! Sarkastisch lautet der Text von Karte 59 »Es ist erreicht!!! Meine Zukunft liegt im Wasser!!!«, und gezeigt wird Wilhelm II., wie er versucht, sich auf sein Schloß Achilleion auf Korfu zu retten.

Am Ende des Kaiserreiches löste ausgerechnet eine zweifache Gehorsamsverweigerung in der Marine die Revolution in Deutschland aus. Während die Reichsregierung mit den am Krieg beteiligten Mächten über einen Waffenstillstand verhandelte, sollte die Flotte nach dem Willen der Marineleitung noch einmal auslaufen. Gegen diese eigenmächtig getroffene Entscheidung, die zu einem Seegefecht mit größten politischen Risiken hätte führen können, meuterten zuerst die Matrosen des Linienschiffes »Thüringen«. Der Flottenvorstoß unterblieb, aber über 1000 Matrosen wurden verhaftet und am 1. November 1918 nach Kiel gebracht, wo sie mit harten Strafen rechnen mußten. Um ihre Kameraden zu befreien, besetzten am 4. November die in Kiel stationierten Matrosen zusammen mit den Hafenarbeitern das Militärgefängnis und andere öffentliche Gebäude der Stadt. Soldatenräte wurden gewählt. In der Woche bis zum 9. November 1918 stürzte in weiten Teilen Deutschlands die alte Obrigkeit: die diktatorische Exekutivgewalt der Militärbehörden. Arbeiter- und Soldatenräte, in denen die Sozialdemokraten die Mehrheit hatten, übernahmen die Macht. Am 9. November 1918 ruft Philipp Scheidemann auf dem Balkon des Reichstagsgebäudes die Deutsche Republik aus (60), nachdem Max von Baden eigenmächtig den Thronverzicht Wilhelms II. erklärt hatte. Ebert bildet am 10. November als provisorische Reichsregierung den Rat der Volksbeauftragten.

Scheidemann
verkündet von dem Fenster des
Reichstaggebäudes die deutsche Republik!

60

61

Gegenrevolution

Am 10. November 1918 vereinbarte der neue Regierungschef Friedrich Ebert mit Ludendorffs Nachfolger General Groener, die Ordnung im Reich mit Hilfe der aus dem Krieg zurückkehrenden Reichswehr aufrechtzuerhalten. Zusätzlich wurden Freiwilligenverbände aufgestellt, die, zusammen mit der Reichswehr, Arbeiterunruhen niederkämpfen sollten, hinter denen bolschewistische Umsturzversuche vermutet wurden. So kam es im Frühjahr 1919 in vielen Teilen Deutschlands zu einem blutigen Bürgerkrieg. Mit den im Auftrag von Ebert vom späteren Reichswehrminister Gustav Noske aufgestellten Freikorps rekrutierten die Sozialdemokraten die »Vorgänger und Vorbilder der späteren SA und SS« (Haffner 1981, S. 159). Aus Angst vor einer kommunistischen Revolution wurde – ungewollt – die Gegenrevolution, und damit die an der alten Ordnung orientierten Kräfte, unterstützt. Das Freikorps Hülsen (61: »So

62

gefällst Du mir! Geh und melde Dich bei dem Freikorps Hülsen«) gehörte zu den insgesamt 68 von der Regierung anerkannten Freikorps, die fast 200000 Mann zur Verfügung hatten.
Der bayerische Teil der Zentrumspartei löste sich 1920 als Bayerische Volkspartei ab und verfolgte eine nationalistische Politik. Ihr Kampf galt jenen, die in der Tradition von Kurt Eisner und der Münchner Räterepublik eine sozialistische Ordnung anstrebten (62: »Bayern, der Bolschewik geht um! Hinaus mit ihm am Wahltag! Bayerische Volkspartei«). Sie war von 1920 bis 1933 die stärkste politische Gruppierung in Bayern.

63

Der Kampf um die Nationalversammlung

Friedrich Ebert wollte möglichst bald eine Nationalversammlung wählen lassen, da nur von ihr die künftige Regierung legitimiert werden sollte. Die revolutionäre Bewegung wollte dagegen zunächst keine allgemeine Wahl und rief am 9. Januar 1919 zum Generalstreik auf. Träger der Revolution waren jetzt, nachdem sich der Reichsrätekongreß für die Wahl der Nationalversammlung am 19. Januar 1919 entschieden hatte, die Revolutionären Obleute (die im Januar 1918 den Streik in Berlin organisiert hatten) sowie die sich am 31. Dezember 1918 als Kommunistische Partei Deutschlands (KPD) unter Karl Liebknecht und Rosa Luxemburg konstituierende Spartakusgruppe. Eine Verschiebung der Wahl, sicher auch aus wahltaktischen Gründen angestrebt, sollte die Demokratisierung von Armee, Verwaltung und Gesellschaft in einer Phase der Herrschaft von Arbeiter- und Soldatenräten einleiten. Die Regierung sah allerdings die Gefahr eines bolschewistischen Umsturzes und befürchtete, daß die Siegermächte nur eine demokratische Verfassung nach westlichem Vorbild akzeptieren würden. Die unterschiedlichen Ziele führten zu blutigen Auseinandersetzungen, in denen Karl Liebknecht und Rosa Luxemburg von Freikorps-Mitgliedern am 15. Januar 1919 umgebracht wurden.

In den ersten Januartagen besetzten Aufständische den sozialdemokratischen ›Vorwärts‹ und andere große Zeitungsbetriebe. Papierrollen dienten als Barrikaden (63). Um dem Druck der Straße auszuweichen, wurde die Nationalversammlung nicht in Berlin, sondern im Theater von Weimar am 6. Februar 1919 eröffnet. Offizielle Postkarten sollten für das neue Parlament werben (64).

DEUTSCHE
NATIONALVERSAMMLUNG
IN WEIMAR 1919
ENTW: MAX NEHRLING, WEIMAR.

64

Die Anstifter des Weltkrieges
vor dem Weltgericht

65

66

Friß Vogel
oder stirb!
Nie bekenne dich, Deutscher, zur Schuld an dem Kriege
Lügen, von Heuchlern erpreßt schufen das Friedensdiktat
Ges. gesch.

68

67

Weltgericht und Friedensdiktat

In Versailles, 1871 Gründungsort des Deutschen Reiches, wurde am 28. Juni 1919 der Friedensvertrag unterschrieben und damit in der Konsequenz des Waffenstillstandes vom 11. November 1918 die deutsche Alleinschuld dokumentiert. Der Begriff »Novemberverbrecher« – Zentrumspolitiker und Sozialdemokraten, die mit ihrer Unterschrift die Besetzung Deutschlands verhindern wollten – wurde zu einer erfolgreichen Propagandaparole Hitlers gegen den Staat von Weimar (vgl. 108). Die Karte »Die Anstifter des Weltkrieges vor dem Weltgericht« (65, Erläuterung siehe Anhang) sorgte noch während des Krieges für die »richtige« Interpretation. Gegen die »Kriegsschuldlüge« richtete sich auch Karte 66 mit Löwe, Adler und der Schlange »Schuldlüge«. Germania am Marterpfahl (67) läßt offen, wer der »Erlöser« ist.

68

Agitation von links, Putsch von rechts

Es gibt viele Gründe für das Mißlingen der Weimarer Republik. Die von der Wochenschrift für revolutionären Sozialismus ›Die Aktion‹ herausgegebene Postkarte 68 trägt auf der Rückseite folgenden Text: »Wenn die Patrioten demonstrieren. (Ebert wirft Blumen, Scheidemann tanzt nackt)«. Die beiden SPD-Politiker sind hier vor der wartenden Straßenbahn im Mittelpunkt eines Zuges zu sehen, dem Zentrumsleute, Militärs, die Vertreter von Stahlindustrie und Großlandwirtschaft und der auf Händen getragene Kaiser angehören. Aus dieser Karte spricht die Verbitterung der in der Revolution unterlegenen Linken, der USPD und der KPD. Diese Karikatur dokumentiert auch den unüberbrückbaren Gegensatz zwischen den beiden großen sozialistischen Parteien – eine Zersplitterung, die es den reaktionären Kräften erleichterte, die Macht zu erobern.

1920 war der Erfolg eines Rechtsputsches (Kapp-Lüttwitz) nur durch den Generalstreik verhindert worden. Ein weiterer Versuch fand im November 1923 statt: der Hitler-Putsch. Am 8. November 1923, dem Jahrestag der Revolution in München durch Kurt Eisner, stimmten der bayerische Generalstaatskommissar von Kahr und der Reichswehrgeneral von Lossow, nachdem sie von Hitler und Ludendorff unter Druck gesetzt worden waren, der Bildung einer provisorischen deutschen Nationalregierung zu – über Bayern war im September der Ausnahmezustand verhängt worden, von Bayern aus wurde der Sturz der »marxistischen« Reichsregierung in Berlin geprobt. Kahr und Lossow zogen ihre Zustimmung aber schon in der darauffolgenden Nacht zurück und informierten Polizei und Reichswehr. Hitler und Ludendorff wollten mit einem Demonstrationszug am 9. November 1923

69

die Bevölkerung Münchens für den Putsch begeistern, wurden aber vor der Feldherrnhalle von der Landespolizei aufgehalten. Es gab 16 Tote: die »Märtyrer« der nationalsozialistischen Bewegung.

Hitler wurde zu 5 Jahren Festungshaft verurteilt, aber schon zum Ende des Jahres 1924 auf Bewährung entlassen (69: »Was an Waffen zur Freiheit fehlt, muß immer der Wille ersetzen. Adolf Hitler, Landsberg den 11. Mai 1924«). Nach den gesetzlichen Bestimmungen hätte Hitler nach diesem Hochverrat als unerwünschter Ausländer nach Österreich abgeschoben werden müssen. Wie in vielen anderen Fällen profitierte auch hier die politische Rechte von der Einseitigkeit der konservativ gesinnten Rechtssprechung.

70

Nachkriegsnot

Durch den Versailler Vertrag mußte das Deutsche Reich Reparationen in zunächst noch unbestimmter Höhe leisten und eine entmilitarisierte Zone bis 50 Kilometer östlich des Rheins schaffen. Im Januar 1923 forderte Frankreich zur Sicherung der Reparationsansprüche »produktive Pfänder« und besetzte zusammen mit Belgien das industrielle Zentrum Deutschlands. Die Reichsregierung erklärte den passiven Widerstand: Den Eisenbahnern und den sonstigen Beamten wurde jede Dienstleistung für die Besatzungsmächte verboten. Es kam zum verschärften Belagerungszustand. Mehr als 100000 Beschäftigte des öffentlichen Dienstes wurden mit ihren Familien verhaftet und ausgewiesen, weil sie entsprechend ihrem Eid den Gehorsam verweigerten. Das Ruhrgebiet wurde durch eine Zollgrenze vom Reich abgetrennt und die deutschen Minister an der Einreise gehindert. Ende März 1923 kam es in Essen zu einem Zusammenstoß, bei dem 13 Krupparbeiter von französischen Soldaten erschossen wurden. Nationale Aktivisten wollten mit Sabotageakten einen Guerilla-Krieg gegen die französische Invasion entfesseln. In der Schweiz wurde für die auch durch die Inflation gebeutelte Rhein- und Ruhrbevölkerung gesammelt. Eine Postkarte forderte dazu auf, einen Franken zu spenden (70). Die Karte »Die Zwangsmieter erscheinen!« (71) entstand 1919 und illustriert die sich in der Nachkriegszeit verschärfenden Gegensätze zwischen Arm und Reich.

71

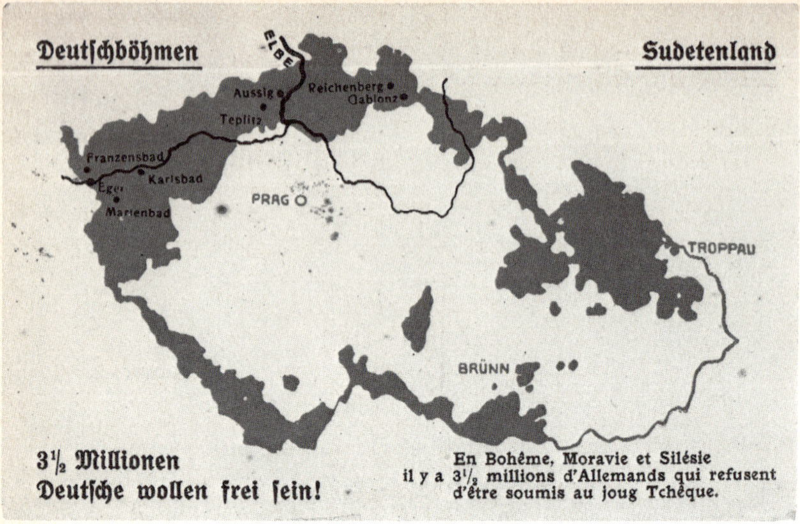

72

Selbstbestimmungsrecht

Schon im 19. Jahrhundert gab es Gegensätze und Kämpfe zwischen Deutschen und der tschechischen Nationalbewegung (vgl. auch 19). Nach der militärischen Niederlage und dem Auseinanderbrechen der österreichisch-ungarischen Monarchie entstand 1918 mit Hilfe der Siegermächte die Tschechoslowakische Republik. Ohne Rücksicht auf das Selbstbestimmungsrecht kamen die Sudetendeutschen (damals noch Deutschböhmen genannt) als nationale Minderheit in diesen neuen Staat (72: »3½ Millionen Deutsche wollen frei sein!«; vgl. auch 103).

Nach dem Versailler Vertrag sollte das Selbstbestimmungsrecht nur in einigen Grenzgebieten durch Abstimmungen verwirklicht werden. Am 20. März 1921 stimmte die Bevölkerung von Oberschlesien mit einer Mehrheit von 60 Prozent für die Zugehörigkeit zum Deutschen Reich (73). Polnische Freischaren suchten das Ergebnis gewaltsam zu korrigieren. Sie wurden von den inzwischen aufgelösten, aber wieder mobilisierten deutschen Freikorps abgewehrt. Am 20. Oktober 1921 wurde jedoch der größte Teil des oberschlesischen Industriegebietes mit großen Steinkohlenvorräten durch den Völkerbund Polen zugesprochen.

So!
muß es kommen
Abstimmung
Oberschlesien
BRESLAU
Oppeln
Beuthen
Königshütte
OBERSCHLESIEN
Kattowitz
Ober Glogau
Ratibor
POLEN
G. ROGIER. 20.
Drum gib Deine
Grenz-Spende

73

74

Der Flaggenstreit

Die Nationalfarben Deutschlands hatten eine wechselvolle Geschichte. Vor 1806 gab es nur die kaiserlichen Farben mit dem schwarzen Adler auf goldenem Grund. Die Farben Schwarz-Rot-Gold der Waffenrocke des 1813 gegen die napoleonische Fremdherrschaft kämpfenden Freikorps Lützow wurden 1815 von der Burschenschaft als Ausdruck des deutschen Einheitswillens übernommen. 1848 erklärte der Deutsche Bundestag unter dem Eindruck der Revolution diese Farben vorübergehend als Bundesfarben. 1867 verband der Norddeutsche Bund die Farben Preußens (Schwarz-Weiß) und der Hansestädte (insbesondere Rot) zu den neuen Bundesfarben, die auch vom Deutschen Kaiserreich übernommen wurden und bis 1919 galten. Die Weimarer Republik führte als Reichsfarben »Schwarz-Rot-Gold« ein, für die Handels- und Kriegsflagge wurde »Schwarz-Weiß-Rot« beibehalten.

75

Die beiden Postkarten zeigen, daß diese Entscheidung umstritten war. Während die Karte mit dem deutschen Michel (74) die Aversion gegen die neuen Farben zum Ausdruck bringt, bekennen sich die Veranstalter des Arbeiter-Jugendtages zu »Schwarz-Rot-Gold« (75). Als 1926 Reichspräsident Hindenburg eine Verordnung erließ, nach der die Auslandsvertretungen auch die – schwarz-weiß-rote – Handelsflagge führen sollten, stürzte ein Mißtrauensvotum das bürgerliche Minderheitenkabinett. 1935 wurden die Reichsfarben wieder »Schwarz-Weiß-Rot«, allerdings galt die Hakenkreuzflagge (schwarzes Hakenkreuz in weißem Kreis auf rotem Grund) als Reichs-, National- und Handelsflagge. Die beiden deutschen Nachkriegsstaaten führen wieder »Schwarz-Rot-Gold« als deutsche Farben, die DDR seit 1959 mit Hammer und Zirkel.

Eintritt der Schweiz
in den Völkerbund
Volksabstimmung vom 16. Mai 1920
414,600 Ja - 322,700 Nein

76

77

Völkerbund und Locarno

Der Völkerbund sollte die Grundsätze des amerikanischen Präsidenten Thomas Woodrow Wilson für eine »demokratische Weltrevolution« als Antwort auf die »sozialistische Revolution« von 1917 in Rußland durchsetzen. Die Wahrung des Weltfriedens durch eine allgemeine Abrüstung war das Ziel des Völkerbundes. Seine Satzung wurde Bestandteil des Versailler Friedensvertrages mit dem Deutschen Reich. Diese Koppelung führte zwangsläufig zu Widersprüchen und Komplikationen (vgl. Text zu 72 und 73).

Im Januar 1920 nahm der Völkerbund seine Arbeit auf, die Schweizer entschieden sich im Mai für einen Beitritt (76: »Eintritt der Schweiz in den Völkerbund, Volksabstimmung vom 16. Mai 1920, 414600 Ja – 322700 Nein«). Deutschland wurde erst 1925 Mitglied, nachdem eine erste deutsch-französische Annäherung stattgefunden hatte und im Vertrag von Locarno die Westgrenze anerkannt und auf eine gewaltsame Veränderung der Ostgrenze verzichtet worden war. Karte 77 ist eine Erinnerungskarte an die Konferenz von Locarno vom 5. bis 16. Oktober 1925, die auf Anregung des deutschen Außenministers Gustav Stresemann einberufen worden war.

78

Anschlußbewegung

Im Oktober 1918, in den letzten Wochen des Krieges, löste sich die Donaumonarchie auf. Die deutschen Siedlungsgebiete der alten habsburgischen Monarchie schlossen sich nach dem Zusammenbruch am 12. November 1918 zur Republik »Deutsch-Österreich« zusammen. Sie sollte ein Bestandteil des Deutschen Reiches werden. Der Vertrag von St. Germain-en-Laye vom 10. September 1919 trennte aber Südtirol, die Südsteiermark und das sudetendeutsche Siedlungsgebiet (vgl. auch 72) ab, verbot dem österreichischen Reststaat die Führung des Namens »Deutsch-Österreich« sowie den Anschluß an das Deutsche Reich, obwohl sich im Frühjahr 1921 bei Volksabstimmungen in Tirol und Salzburg über 98 Prozent der Stimmen für eine Vereinigung mit dem Deutschen Reich ausgesprochen hatten.

Für diese Bestrebungen werben die Karten 78 und 79. Die zweite Karte enthält das deutschnationale Vokabular: »Das

79

ganze Deutschland soll es sein! Werbet für das 2. Bundes-Turnfest des Deutschen Turnerbundes (1919) Wien 1926, 22.–25. Heumond – Rassereinheit, Volkseinheit, Geistesfreiheit«. (Vgl. auch 102.)

80

81

Von Ebert zu Hindenburg

Die beiden Sozialdemokraten Friedrich Ebert als Vorsitzender des Rats der Volksbeauftragten und später als Reichspräsident und Gustav Noske als Reichswehrminister hatten durch ihre Zusammenarbeit mit der Reichswehr und durch die Rekrutierung der Freikorps die Entstehung einer sozialistischen Republik verhindert (vgl. auch 61). Daher galt ihnen die haßerfüllte kommunistische Agitation (vgl. 68). Aber auch für die nationalgesinnten, an Monarchie und Antiparlamentarismus orientierten Kreise waren sie die Zielscheibe von Hohn und Spott. Die Titelseite der Berliner Illustrierten Zeitung vom 24. August 1919 mit Noske und Ebert in der Badehose war ein Höhepunkt der Verleumdungskampagne, gegen die sich Ebert auf Kosten seiner Gesundheit und seines Lebens gerichtlich zur Wehr setzte. Die Postkarte 80 macht die nostalgisch-reaktionäre Stimmung deutlich: Das »Einst« (oben und unten Wilhelm II. und Hindenburg in heldischer Pose und prunkvoller Uniform) wird dem »Jetzt« (die halbnackten Repräsentanten des »Novemberstaates«) gegenübergestellt.

Die Wahl Hindenburgs zum Reichspräsidenten nach Eberts Tod am 28. Februar 1925, der Auftritt des »Ersatzkaisers« im Parlament bei der Vereidigung am 12. Mai 1925 (81) dokumentieren die unüberbrückbare Gegensätzlichkeit zwischen dem republikanischen Staat und der Hoffnung auf die Rückkehr der Monarchie, die zu den politischen Visionen des neuen Reichspräsidenten gehörte.

82

Freiheit für Rhein und Ruhr

Anlaß für die Besetzung des Ruhrgebietes durch französische und belgische Truppen im Januar 1923 (vgl. Text zu 70 und 71) waren Verzögerungen bei der Lieferung von Reparationsgütern. Der passive und aktive Widerstand führte zu wirtschaftlicher Not, zu separatistischen Aktivitäten im Rheinland und zur »galoppierenden« Inflation. Über die Höhe der ursprünglich auf 269 Milliarden Goldmark festgesetzten Reparationsverpflichtungen, gab es jahrelange Auseinandersetzungen, die 1929 zum Young-Plan der Völkerbundskonferenz von Den Haag führten. In ihm wurde festgelegt, daß Deutschland bis zum Jahr 1988 34,5 Milliarden Goldmark zahlen muß. Zugleich wurde die vorzeitige Räumung der besetzten Gebiete im Rheinland für das Jahr 1930 zugesagt. Die Auswirkungen der Weltwirtschaftskrise und die Vereinbarungen der Konferenz von Lausanne (1932) führten zum Ende der Reparationszahlungen.

83

Die Postkarte mit Marianne als Symbolfigur der französischen Besatzungsmacht (82) drückt die jahrelange, ohnmächtige Wut der Deutschen aus. 1930 ist der deutsche Jüngling mit zerbrochenen Fesseln glücklich über die Befreiung von Fremdherrschaft und Unterdrückung (83: »Frei ist der Rhein!«).

84

Antiparlamentarismus

Die beiden Postkarten 84 und 85 wurden von der Propagandaabteilung des »Stahlhelm« herausgegeben. Dieser politische Kampfverband war nach dem Ende des Krieges als ein Bund von Frontsoldaten gegründet worden. Seine Mitglieder fühlten sich als die Hüter des Wehrgedankens und wollten eine nationale Opposition zur inneren und äußeren Befreiung Deutschlands aufrichten. Der Gründer Franz Seldte wurde 1933 als deutschnationaler Politiker Arbeitsminister in Hitlers Regierung. Die letzten Jahre der Weimarer Republik waren durch den Vormarsch der extremen Parteien (1930 gewannen NSDAP und KPD bei der Reichstagswahl fast ein Drittel, im Juli 1932 über 50 Prozent aller Stimmen) und durch die zunehmende Aktivität (Straßenkämpfe, Saalschlachten, Terrorakte) der politischen Kampfverbände gekennzeichnet. Zu diesen Kampfbünden gehörten neben dem Stahlhelm die Sturmabteilung (SA) und

85

die Schutz-Staffel (SS) der NSDAP, das Reichsbanner Schwarz-Rot-Gold (1932 mit SPD und Gewerkschaften vereinigt zur Eisernen Front) und der Rote Frontkämpferbund (KPD).

Auf der Karte 84 »Der Landtag ist aufzulösen!« mit Friedrich dem Großen ist die Fahne am Landtagsgebäude im Original rot. Die Darstellung ist gegen den preußischen Landtag gerichtet, der 1920 den SPD-Politiker Otto Braun zum Ministerpräsidenten gewählt hatte. Die Karte »Aufwärts durch Volksentscheid« (85) mit dem fackelschwingenden Stahlhelmträger wendet sich gegen das parlamentarische System. Das Plebiszit sollte der vom Stahlhelm-Bund geforderten Führerschicht die Macht übertragen.

86

Wiederaufstieg

Innere Auseinandersetzungen über den zukünftigen Weg, Bürgerkrieg, Demütigungen durch die als Diktat gekennzeichneten Versailler Friedensbestimmungen, Fremdherrschaft durch die Sanktionspolitik Frankreichs, Hunger und Not durch Inflation und Wirtschaftskrisen, die zur Verarmung großer Teile der Bevölkerung führten – dies alles kennzeichnete die Jahre der Weimarer Republik. Den Führern des Dritten Reiches gelang es mit einprägsamen Symbolen und Appellen an offene und versteckte Wünsche und Ängste, einen großen Teil des Volkes für sich zu gewinnen.

Die Autobahn-Planungen stammten noch aus der Weimarer Republik: 1921 wurde in Berlin die Avus und 1932 die Verbindung zwischen Bonn und Köln als Autobahn eröffnet. Für viele beginnt der Autobahnbau aber erst 1933 mit Hitlers Arbeitsbeschaffungsprogramm. Als strategisch wichtige Verbindungen

87

für eine rasche Verschiebung militärischer Kräfte waren die »Straßen Adolf Hitlers« nicht nur von arbeitsmarktpolitischer und propagandistischer Bedeutung. Karte 86 setzt den Aufschwung sehr dynamisch ins Bild.

1933 wurde der Deutsche Luftsportverband als Vorläufer des Nationalsozialistischen Fliegerkorps (NSFK) gegründet. Seine Aufgabe war es, den »fliegerischen Gedanken« im deutschen Volk wachzuhalten und eine vormilitärische Ausbildung durchzuführen. Mit sicherem Instinkt für die Symbolkraft der sich in diesen Jahren rasch entwickelnden Flugtechnik, wurde der Luftsport, als ein Zeichen für den die alten Fesseln sprengenden Wiederaufstieg, gefördert. Konstantin Freiherr von Neurath war von 1932 bis 1938 Reichsaußenminister, sein Zitat ziert die Karte 87: »Pflege des Luftsports ist eine gebieterische Forderung für Deutschlands Wiederaufstieg.«

88

»Kontinuität«

Diese beiden 1933 verbreiteten Postkarten sollten die Behauptung der Nationalsozialisten untermauern, daß das Dritte Reich die preußische Tradition fortsetze und so die Kontinuität der deutschen Geschichte wahre. Diesem Ziel galt vor allem der »Tag von Potsdam« am 21. März 1933 (89). Die feierliche Eröffnung des am 5. März 1933 gewählten Reichstages – der mit der Zustimmung zum Ermächtigungsgesetz am 23. März 1933 Hitlers Diktatur legalisierte – sollte mit der Demonstration eines Bündnisses zwischen preußischer Vergangenheit und nationalsozialistischer Zukunft vom wahren Geschehen ablenken.

Bei der Suche nach Entwicklungslinien in der deutschen Geschichte, die Karte 88 in sehr vertrauenserweckender Art vom »Alten Fritz« über Bismarck zu Hitler suggeriert, kommt man zu sehr unterschiedlichen Perspektiven. Für viele gelten spezifische Merkmale des Dritten Reiches wie Obrigkeitsdenken, Untertanengesinnung, Autoritarismus, Militarismus und hegemonialer Nationalismus als kennzeichnend für Geschichte, Soziologie und Psychologie der Deutschen. Die Zwangsläufigkeit dieser Einbahnstraße resultiere aus einem Hang zur »Alles-oder-Nichts«-Maxime, zum Vabanquespiel. Andererseits muß gesehen werden, daß ein kontinuierlich auftretendes Problem deutscher und preußischer Geschichte der tatsächliche oder vermeintliche Zwang war, sich in der Mitte Europas gegenüber einer Koalition von Feinden behaupten zu müssen. Diese ständige Herausforderung, die Gefahr des Zweifrontenkrieges, prägten langfristig Zielvorstellungen von einem Großdeutschen Reich, das sich als europäische Macht (»Mitteleuropa-Programm«) oder als Weltmacht von der jahrhundertealten Unterordnungsposi-

89

tion emanzipieren müsse – um anzuknüpfen an Vorstellungen und Träume vom »altdeutschen Kaiserreich«. Die geopolitisch ungünstigen Voraussetzungen für die Verwirklichung dieser Ziele führten zu einer Kontinuität der Überforderung und – im 20. Jahrhundert – des Scheiterns.

Allerdings – und hier kann nicht mehr von Kontinuität gesprochen werden: Die von rücksichtslosen, systematischen Verbrechen gekennzeichnete Germanisierungspolitik in der Schlußphase der Großmachtgeschichte des Deutschen Reiches ergab sich aus Hitlers Orientierung an der Rassenideologie: »Er unterwarf die nationale Idee einem biologistischen Dogma« (Hillgruber 1982). Es ist zwar richtig, daß viele Elemente der nationalsozialistischen Ideologie (Antisemitismus, Lebensraumpolitik, Rassenlehre) schon lange vor dem Dritten Reich – und nicht nur in Deutschland – entstanden waren, aber in »seiner Rassen- und Nationalitätenpolitik hatte Preußen immer eine noble Toleranz und Indifferenz walten lassen. Hitlers Rassen- und Nationalitätenpolitik war das extreme Gegenbild der preußischen. Das extreme Gegenbild preußischer Nüchternheit war auch Hitlers politischer Stil, seine Demagogie und theatralische Massenberauschung.« (Haffner 1979 und 1981, S. 498) Außerdem: Preußen war einer der ersten Rechtsstaaten Europas gewesen. Hitlers Gleichschaltung der Gewalten und die Suspendierung der Menschenrechte durch die Proklamation des Ausnahmezustandes nach dem (inszenierten) Reichstagsbrand am 27. Februar 1933 etablierte dagegen den Willkürstaat.

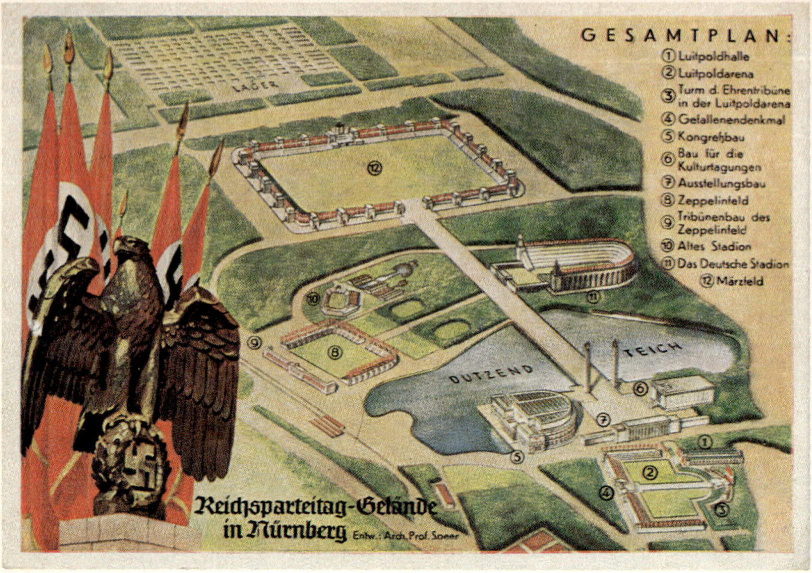

90

Aufmarschfelder

Seit 1927 fanden die Reichsparteitage der NSDAP in Nürnberg statt. Hier, wie auch für die Olympischen Spiele 1936 in Berlin, wurden gewaltige Anlagen mit Stadien, Aufmarschfeldern und Monumentalbauten geschaffen. Der Reichsparteitag, als wahrer »Reichstag« des Dritten Reiches bezeichnet, war der »jährliche politische Appell des deutschen Volkes«, bei dem der »Führer« Rechenschaft ablegte und die Grundsätze für die Arbeit des kommenden Jahres verkündete. »Von stärkstem Eindruck sind die gewaltigen Aufmärsche des Arbeitsdienstes, der Politischen Leiter, der Hitler-Jugend, der SA, SS und des NSKK sowie der Tag der Wehrmacht«, schrieb der Neue Brockhaus im Jahr 1938. Geplant war ein Stadion mit gigantischen Ausmaßen. Das 1937 begonnene Bauwerk mit einem Spielfeld von 150 auf 380 Metern sollte Platz für 400000 Personen haben und bis zum Parteitag 1945 fertiggestellt werden! »Die Errichtung dieser Monumente sollte dazu dienen, einen Anspruch auf Weltherrschaft anzumelden, lange bevor ihn (Hitler) seiner engsten Umgebung mitzuteilen wagte« (Speer, S. 83).
Auch das seit 1934 erbaute Reichssportfeld in Berlin (91) diente der nationalen Repräsentation. Die schon 1931 an Deutschland vergebenen Olympischen Spiele waren eine willkommene Gelegenheit, dem Ausland die Friedensliebe, den Glanz und die – nicht nur sportliche – Stärke des neuen Deutschland zu demonstrieren. Neue Symbole (Olympisches Feuer, Fackellauf von Olympia nach Berlin, Olympiafanfare, Eichenkranz und Eichenbäumchen für die Sieger) sollten die olympische Bewegung mit deutschen Elementen verbinden und die Identifikation der »Volksgenossen« mit dem Dritten Reich vertiefen.

91

NS-Gemeinschaft „Kraft durch Freude"

45. SEEREISE

mit dem M.-S. „MONTE OLIVIA«

der Hamburg-Südamerikanischen Dampfschifffahrts-Gesellschaft

Kapitän F. Petersen

Speisenfolge

FREITAG, DEN 17. JULI 1936

FRÜHSTÜCK

Kaffee, Tee, Milch

Hamburger Rundstücke

Grau-, Weiß- und Schwarzbrot

Butter, Honig

Milchreis m. Zucker u. Zimt

MITTAGESSEN

Erbsensuppe bürgerlich

Schweinebraten

Sauerkraut — Kartoffeln

NACHMITTAGS

Kaffee, Tee

Streußelkuchen

ABENDESSEN

Deutsche Steaks mit

Zwiebeltunke — Kartoffeln

Grau-, Weiß- und Schwarzbrot

Fleischpastete

Jagdwurst

Butter, Gouda-Käse

Tee

92

»Volksgemeinschaft«

Zu den Zielen der nationalsozialistischen Weltanschauung gehörte die Volksgemeinschaft, in der es keine Klassen- und Standesgegensätze mehr geben sollte. Mit dem Ermächtigungsgesetz vom 23. März 1933 war die demokratische Kontrolle durch Gewaltenteilung abgeschafft worden. Nach der Aufhebung der Gewerkschaften am 2. Mai 1933 wurde im November 1933 die Deutsche Arbeitsfront gegründet. Dieser Zwangszusammenschluß von Arbeitern und Unternehmern sollte den Arbeitsfrieden der Betriebsgemeinschaften sichern. Bezeichnend für diesen »deutschen Sozialismus« waren die vielfältigen Aktivitäten der NS-Gemeinschaft »Kraft durch Freude«, einer Sonderorganisation der Deutschen Arbeitsfront. Die intensive Betreuung der »Arbeitskameraden« fand u. a. einen wirksamen Ausdruck in den Urlaubsfahrten der K.d.F.-Flotte (92).
Mit Grundsteinlegungen, ersten Spaten-

93

stichen, vielen »Ans-Werk«-Reden und den Sammlungen für das Winterhilfswerk wurden Kräfte geweckt, die Pessimismus, Apathie und Zweifel an der Zukunft überwanden. In diesen Zusammenhang gehört auch die Parole, mit der 1935 für die Niedersächsische Arbeits- und Wirtschaftsschau geworben wurde: »Hau-Ruck . . . alles faßt mit an!« (93) Das Gemeinschaftserlebnis der »Volksgemeinschaft« hat viele darüber hinweg getäuscht, »daß an die Stelle der Parteien der Vergangenheit lediglich ein Parteienwesen eigener Art getreten war und nur ein Austausch der rivalisierenden Gruppen stattgefunden hatte: Funktionäre eines totalitären Interesses, Bandenhauptleute mit ihrem Anhang, Parteisatrapen rangen um Einfluß und ersetzten den demokratischen Machtkampf durch einen im Verborgenen geführten Dschungelkrieg ohne alle Spielregeln und abseits der öffentlichen Kontrolle.« (Fest, S. 616.)

94

Nationalsozialistische Kunst

Die Münchener Ausstellung »Entartete Kunst« im Jahr 1937 sollte die gemeinsame Wurzel der politischen und kulturellen Anarchie aufzeigen und besonders die expressionistische Malerei als gewissen-, charakter- und instinktlos entlarven. Im Gegensatz zum »vollendeten Wahnsinn jüdisch-bolschewistischer« Kunst sollte die neue »deutsche Kunst« dem »gesunden Volksempfinden« entsprechen. Sie war realistisch und traditionell und spiegelte Grundpositionen der nationalsozialistischen Ideologie.

Das mit »Ernterast« bezeichnete Gemälde (95) aus dem »Haus der Deutschen Kunst« in München enthält zwei bezeichnende Elemente nationalsozialistischer Kunstvorstellung. Die Darstellungen des bäuerlichen Milieus spiegeln eine Ideologie, die das Bauerntum, den »Nährstand«, emporstilisiert als einen Hort ewiger Werte, in dem Entfremdung, soziale Spannungen und Existenz-

95

bedrohung keinen Platz mehr haben (vgl. Barozzi u. a., S. 310ff.). In diese »heile Welt« paßt die Darstellung des nackten weiblichen Körpers. Sie demonstriert die sichtbaren vitalen Reserven des Volkes. In der nationalsozialistischen Aktmalerei sind die Frauen jung und voller Erwartung. Die voyeuristische Wirkung dieser Bilder wird kaschiert durch eine vordergründige Allegorisierung (»Ernterast«). Diese biologische Eingleisigkeit zur weiblichen Fruchtbarkeit wird ergänzt durch die vielen »Mutter und Kind«-Bilder, die an den »Tagen der deutschen Kunst« in München zu sehen waren (94; vgl. Barozzi u. a., S. 385ff.).

Reichsnährstand
Blut und Boden
Im Bauerntum liegt die unversiegliche
Quelle unserer Kraft
ADOLF HITLER

96

97

Blut und Boden

Der »Reichsnährstand« (96: »Im Bauerntum liegt die unversiegliche Quelle unserer Kraft – Adolf Hitler«) war seit 1934 die öffentlich-rechtliche Organisation für die deutsche Landwirtschaft. Zu seinen Aufgaben gehörte es, die Mitglieder auf die Ziele des nationalsozialistischen Staates auszurichten und eine möglichst autarke Ernährung des deutschen Volkes sicherzustellen. An der Spitze stand der Reichsbauernführer, und Goslar wurde zur »Reichsbauernstadt«. Das Emblem des Reichsnährstandes enthielt neben dem Adler und dem Motto »Blut und Boden« das Hakenkreuz mit Ähre und Schwert.

Das Reichserbhofgesetz von 1933 sollte das »Bauerntum als Blutquell des deutschen Volkes« erhalten. Schon im germanischen Recht gab es diese Bindung des Grundeigentums an die Familie (»Blut und Boden«). Zur Verhinderung von Überschuldung und Zersplitterung der Bauernhöfe im Erbfall sollte dieser Grundsatz wieder neu gelten. Die Erbhöfe hatten eine Größe von 7,5 bis höchstens 125 Hektar. Nur der Eigentümer eines solchen Hofes durfte die »Ehrenbezeichnung« Bauer tragen. Die Bauernfähigkeit war abhängig von Deutschblütigkeit (Stichtag 1. Januar 1800), Ehrenhaftigkeit und Tüchtigkeit.

Am Tag des kirchlichen Erntedankfestes wurde seit 1933 der »Deutsche Erntedanktag« (97) als Ehrentag der deutschen Bauern gefeiert. An diesem nationalen Feiertag fand auf dem Bückeberg bei Hameln ein Staatsakt statt, an dem Abordnungen aus dem ganzen Reich teilnahmen.

98

Rassismus

Der Antisemitismus (vgl. auch 10–12), Kern der nationalsozialistischen Rassentheorie, führte in den ersten Jahren des Dritten Reiches zu Boykottmaßnahmen und spontanen Gewaltakten gegen die Juden. Mit den Nürnberger Gesetzen zum »Schutz des deutschen Blutes und der deutschen Ehre« wurden die Juden 1935 unter ein Sonderrecht gestellt, das ihre Lebensmöglichkeiten wesentlich einschränkte: Mischehen wurden verboten, die Bewegungsfreiheit beschnitten, in zahlreichen Berufen durften sie nicht mehr tätig sein. Diese antijüdische Politik wurde durch vielfältige propagandistische Aktionen unterstützt (98).
Nach dem Attentat eines 17jährigen Juden auf einen deutschen Diplomaten in Paris hielt Goebbels zur Erinnerung an den mißglückten Putsch von 1923 am 9. November 1938 eine agitatorische Hetzrede; dem Gedenktag ist Karte 99 gewidmet – der Goebbels-Rede folgte der Massenpogrom: die »Reichskristall-

99

nacht« in der Nacht vom 9. auf den 10. November. Mindestens 91 Juden wurden getötet, Geschäfte, Wohnungen und Synagogen zerstört und geplündert. Über 26000 Juden wurden verhaftet, viele wurden enteignet.
Der mörderische Antisemitismus des Dritten Reiches konnte mit diesem Sündenbock (»Der ewige Jude«) von inneren Gegensätzen und Widersprüchen ablenken – der notwendige »Feind« totalitärer Staatspraxis – und die Einheit der Volksgemeinschaft stabilisieren. Das bolschewistische Hammer- und Sichel-Symbol (98 rechts oben) weist auf die enge Verknüpfung von Judentum und Bolschewismus in der nationalsozialistischen Propaganda hin.
Auf der Wannsee-Konferenz im Januar 1942 wurde das Programm zur »Endlösung der Judenfrage« beschlossen. Im Rahmen dieser Ausrottungspolitik wurden etwa fünf Millionen europäische Juden ermordet.

100

Kraft und Schönheit

»Da kommt eine neue deutsche Jugend, und die dressieren wir schon von ganz klein an für diesen neuen Staat.« Die Buben kamen mit 10 Jahren ins »Jungvolk«, ab 14 Jahren zur »Hitler-Jugend«. Die jungen Männer wurden entweder in die Partei, in die SA, in die SS oder in das NSKK aufgenommen. »Und wenn sie dort zwei Jahre oder anderthalb Jahre sind und noch nicht ganz Nationalsozialisten geworden sein sollten, dann kommen sie in den Arbeitsdienst und werden dort wieder sechs und sieben Monate geschliffen. Alles mit einem Symbol, dem deutschen Spaten.« (100) Und nach zwei oder drei Jahren Wehrmacht »nehmen wir sie, damit sie auf keinen Fall rückfällig werden, sofort wieder in die SA, SS und so weiter – und sie werden nicht mehr frei ihr ganzes Leben!« Diese Zitate stammen aus einer Rede Hitlers 1937 vor dem Reichsarbeitsdienst (Binder 1977, S. 515). Eindeutiger und zynischer konnte die totale

101

Erfassung der Jugend im nationalsozialistischen Staat nicht formuliert werden. Die Mädchen wurden als »Deutsche Jungmädel« und im »Bund Deutscher Mädel«, besonders in dessen Untergliederung »Glaube und Schönheit«, auf ihre Aufgabe »als Frau und Mutter in der erbgesunden, blutreinen Familie und in der Volksgemeinschaft« (Der Neue Brockhaus, 1938) vorbereitet. Auf den Gymnastikkleidern ist die HJ-Raute als Abzeichen der Hitler-Jugend zu sehen (101).

KÖNIGSBERG
HAMBURG
BERLIN
HANNOVER
KÖLN
BRESLAU
FRANKFURT
STUTTGART
MÜNCHEN
LINZ
WIEN
JNNSBRUCK
GRAZ
KLAGENFURT
13·MÄRZ 1938
EIN VOLK EIN REICH
EIN FÜHRER

102

103

Plebiszit

Nach der Selbstentmachtung des Reichstages als Gesetzgebungs- und Kontrollorgan führte Hitler am 12. November 1933 die erste Volksabstimmung durch. Es ging um den schon am 14. Oktober 1933 erklärten Austritt aus dem Völkerbund. Das Ansehen seiner Nachkriegspolitik war im Deutschen Reich denkbar gering, und so galt die Zustimmung der Deutschen als sicher. Hitler verknüpfte die Völkerbundfrage mit der Neuwahl des Deutschen Reichstages, für die nach dem Parteienverbot nur noch die NSDAP kandidieren durfte. Dieser scheindemokratische Schritt sollte ein weiteres Mal die Alleinherrschaft sichern.
Auch bei der Volksabstimmung über den Anschluß Österreichs an das Deutsche Reich (13. März) am 10. April 1938 sollte zugleich das Einverständnis mit der Politik der nationalsozialistischen Regierung erklärt werden. Massive Propaganda, wahltechnische Tricks und ein durch die historische Dimension erzeugter Meinungsdruck führten zu einem Ergebnis mit fast 99 Prozent Zustimmung (102: »13. März 1938 – Ein Volk, ein Reich, ein Führer«). Mit dem Anschluß Österreichs war die 1848, 1871 und 1919 unerfüllt gebliebene Hoffnung auf ein Großdeutsches Reich weitgehend Wirklichkeit geworden.
Die im Dezember 1938 herausgegebene »Jubelpostkarte« (103: »Wir danken unserm Führer«) feierte die Angliederung der sudetendeutschen Gebiete nach der Konferenz von München (29. September 1938) und demonstriert die Zustimmung zu Hitlers Politik der »Befreiung« der Deutschen in Böhmen (vgl. auch 19 und 72).

104

Auf dem Weg zum »germanischen Staat deutscher Nation«

Der am 1. September 1939 gegen Polen begonnene Krieg machte das Deutsche Reich innerhalb von etwa zwei Jahren durch »Blitzkriege« und »-siege« zur beherrschenden Macht Europas. Das Bekenntnis zum Recht des Stärkeren prägt eine Karte der NSDAP (104). Aus Hitlers ›Mein Kampf‹: »Ein Staat, der im Zeitalter der Rassenvergiftung sich der Pflege seiner besten rassischen Elemente widmet, muß eines Tages zum Herrn der Erde werden.« 1939 entstand in Frankreich eine Karte mit der Aufschrift »Oh weh! Was hast du aus Deutschland gemacht!!!« (105). Ankläger sind Repräsentanten der deutschen Kulturnation. Auf der »heiteren« Soldatenkarte 106 ist mit dem »Seelord« Churchill gemeint. Mit der russischen Gegenoffensive und der deutschen Kriegserklärung an die USA im Dezember 1941 begann das Ende der nationalsozialistischen Expansion.

MALHEUR!
QU'AS TU FAIT
DE L'ALLEMAGNE!!!
Beethoven
Faust par Goethe
TRAITE DE VERSAILLES
PLUS DE REVENDICATION TERRITORIALE EN EUROPE
JE RESPECTE LA POLOGNE
Paul Barbier 39

105

106

Uns kann
der erste Seelord
nicht erschüttern!
17
Burlog
Keine Angst
Keine Angst
Rosmarie!

107

107

Danzig

Danzig als Stadt mit alter deutscher Tradition (Stadt des Deutschen Ordens, Hansestadt) war ein politisches Reizwort. Nach Jahrhunderten, in denen die Stadt ein Freistaat unter polnischer Oberhoheit war, wurde es 1734 von den Russen eingenommen und kam 1793 durch die zweite polnische Teilung an Preußen. Nach französischer Besetzung (1807) von Napoleon zur Freien Stadt erklärt, gehörte Danzig seit 1814 wieder zu Preußen und seit 1871 zum Deutschen Reich. 1920 wurde Danzig als Freistaat unter den Schutz des Völkerbundes gestellt. 1939 begann mit der Beschießung der polnischen Befestigung und des Munitionslagers auf der Westerplatte bei Danzig der Zweite Weltkrieg.

Die Bestimmungen des Versailler Vertrages hatten Ostpreußen durch einen Korridor vom Reich getrennt. Der Kampf gegen dieses »Diktat« der Siegermächte von 1919, das auf eine »ein-

108

hellige Ablehnung durch alle politischen Kräfte in Deutschland stieß« und eine »integrierende Funktion« ausübte (Hillgruber 1980, S. 63), war für Hitler eine der wirksamsten Propagandaparolen. Mit der Rückkehr Danzigs ins Reich am 1. September 1939 sah sich Deutschland von den »Versailler Fesseln« befreit.

109

Treue und Gehorsam

Die Reihe der Wertbegriffe ist lang, die nach Kaiserreich, Weltkrieg und der Weimarer Zeit im Dritten Reich einer hemmungslosen Falschmünzerei zum Opfer fielen: Treue, Gehorsam, Tapferkeit, Ehre, Vaterland – Werte und Maßstäbe, die an sich Voraussetzung für ein vertrauensvolles Zusammenleben der Menschen sind – wurden im Dienst von menschenverachtenden und chauvinistischen Zielsetzungen Instrumente der Propaganda für die bedingungslose Identifikation mit dem NS-Staat. Durchhalteparolen und Treuebekenntnisse entsprachen dem Führerprinzip, das nur blinden Gehorsam und eine unterwürfige Gefolgschaft duldete (109 und 110).
Die Verquickung und Verflechtung von religiösen, pädagogischen, politischen und sozialen Aspekten führten zu einer Verwirrung des Menschen, der nicht mehr übersehen konnte, wem die Treue gelten sollte. »Gott und das Establishment, Gott und die Partei, Gott und die

Ordnung, Gott und das Vaterland fordern den Menschen zum Gehorsam auf, und zwar vermengt, schwer zu durchschauen für den einzelnen« (Sölle, S. 20). (Vgl. auch 20, 23, 40 und 41.) Besonders »Menschen mit einem starken, wenn auch zugleich richtungslosen Moralverlangen« verführte der Appell an die inneren Werte, die »allerdings losgelöst von jedem übergreifenden Bezugssystem« ausschließlich auf die Zwecke des Regimes ausgerichtet wurden (Fest, S. 518). Auf diese Weise entstand der Typ des emotionslosen Exekutors, der im Wahn, in einer endzeitlichen Auseinandersetzung zu stehen, aufhörte, menschliche Empfindungen zu haben. Der totale Anspruch auf Treue galt aber nicht im umgekehrten Verhältnis. Kurz vor der Kapitulation 1945 übte Hitler »bewußt Hochverrat am eigenen Volk« (Speer, S. 436), er gab »die Befehle zur Vernichtung der Existenzgrundlagen des Volkes« (Speer, S. 434).

111

Die 1000 Jahre des Dritten Reiches

Hitler forderte 4 Jahre für den Aufbau des tausendjährigen Reiches. Diese Zahlensymbolik stand am Anfang der 12 nationalsozialistischen Jahre. Beseitigung der Arbeitslosigkeit und Sicherung des Bauernstandes waren die Ziele des schon 1936 als erfüllt bezeichneten ersten Vierjahresplanes. Das neue Deutschland – »Unser neues Deutschland heißt: Ehre und Arbeit« – der arbeitenden »Volksgemeinschaft« steht auf der Postkarte von 1937 (111) unter dem suggestiven Schutz des Schwertes, das zugleich Angriffsbereitschaft signalisiert. Hier wird eindrucksvoll die Tarnung von einschüchternder Gewaltsymbolik durch dekorative nationale Phrasen dokumentiert.

Die noch vom Beginn der »1000 Jahre« stammende Postkarte 112 zeigt Symbole hybriden Weltmachtdenkens. Die Illusion einer deutschen Vormachtstellung in Europa hatte in gigantischen Symbolen und Bauwerken ihren Ausdruck und

112

– im Inferno des Kriegsendes 1945 ihre Konsequenz gefunden. Muspilli-Vorstellungen vom Weltuntergang mit Schrecken vollendeten den nationalsozialistischen Rückgriff auf die germanische Mythologie. In den letzten Kriegsmonaten war der Enthusiasmus und die Euphorie der Machtergreifungszeit und nationalsozialistischen Revolution verflogen. Das primitiv-darwinistische Denken vom Recht des Stärkeren wandte sich gegen die »überlegene Rasse«, und nicht nur Deutschland versank in einem Meer von Trümmern und Tränen.

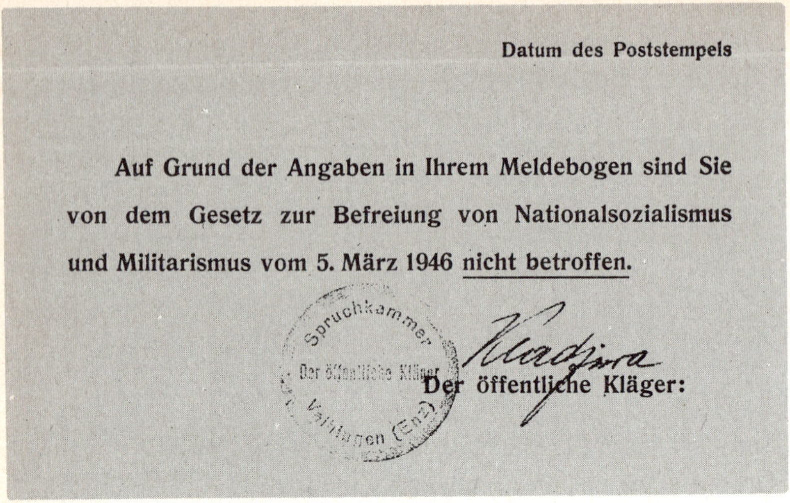
Datum des Poststempels

Auf Grund der Angaben in Ihrem Meldebogen sind Sie von dem Gesetz zur Befreiung von Nationalsozialismus und Militarismus vom 5. März 1946 nicht betroffen.

Der öffentliche Kläger:

113

Befreiung vom Nationalsozialismus

Während die Siegermächte 1918 Deutschland zunächst nicht besetzt hatten, wurde das Deutsche Reich 1945 in vier Besatzungszonen aufgeteilt. Die Militärgouverneure übernahmen die oberste Gewalt in den jeweiligen Zonen. Ihre Streitkräfte erließen, entsprechend den Bestimmungen des Potsdamer Abkommens vom Sommer 1945, Gesetze und Verordnungen, die u.a. auf die Entmilitarisierung und Entnazifizierung zielten.
Nationalsozialisten und Personen, die den Bestrebungen der alliierten Maßnahmen feindlich gegenüber standen, wurden aus öffentlichen Ämtern und Führungspositionen der Wirtschaft entfernt. Zur »Sicherung dauernder Grundlagen eines deutschen demokratischen Staatslebens« teilte das »Gesetz zur politischen Säuberung« von 1946 die Verantwortlichen in 5 Gruppen ein: Hauptschuldige, Belastete, Minderbelastete, Mitläufer und Entlastete. Die Vergangenheit von über 6 Millionen Deutschen wurde von diesen Fragebogen- und Spruchkammer-Verfahren untersucht (114). Doch schon wenige Jahre später kam es zu einer Lockerung der ausgesprochenen Berufsverbote.
An den Jahrestag der Befreiung des Konzentrationslagers Dachau am 29. April 1945 erinnerte die amerikanische Besatzungsmacht 1946 mit einer Ansichtspostkarte (114).

114

114

115

Die deutsche Einheit

Die Überwindung der partikularistischen Ohnmacht war das große Thema der deutschen Politik im 19. Jahrhundert. Die Freiheitskriege gegen Napoleon (1813–1815), die Konstituierung der »schwarz-rot-goldenen« Burschenschaft und das Wartburgfest (1817), das Hambacher Fest – die erste große Volksversammlung in Deutschland (1832) – und die Beratungen und Beschlüsse der Nationalversammlung in der Paulskirche (1848/49) führten erst durch Bismarcks schwarz-weiß-rote »Eisen- und Blut-Lösung« (1864–1871) zum erhofften nationalen Staat (vgl. auch 1).
Die zum Jahrestag des Berliner Märzaufstandes vom 18. März 1848 100 Jahre später vom Leipziger »Volkskomitee für Einheit und gerechten Frieden« herausgegebene Postkarte 115 mahnt an die »schwarz-rot-goldene« Einheitsbewegung – dies in einer Zeit, in der die Weichen durch die Aufteilung Deutschlands in Einflußsphären und Besat-

116 

zungszonen der Siegermächte auf den Konferenzen von Jalta und Potsdam schon in Richtung »deutsche Spaltung« gestellt waren. Die Währungsreform im Juni 1948, die Gründung der beiden deutschen Staaten (1949) und die Ausrichtung an den politischen, militärischen und wirtschaftlichen Verhältnissen der jeweiligen Verbündeten waren die Konsequenz der Kriegsjahre. Im Zuge der Befreiung Europas von der nationalsozialistischen Herrschaft trafen sich Amerikaner und Russen an der Elbe mit der Absicht, den hart erkämpften Einfluß auch in Zukunft auszuüben.

Die Etablierung des sozialistischen Wirtschafts- und Gesellschaftssystems führte zu Protest und Aufstand am 17. Juni 1953 und zur Abgrenzung durch den Bau der Berliner Mauer am 13. August 1961, den diese Westberliner Karte ins Bild setzt (116).

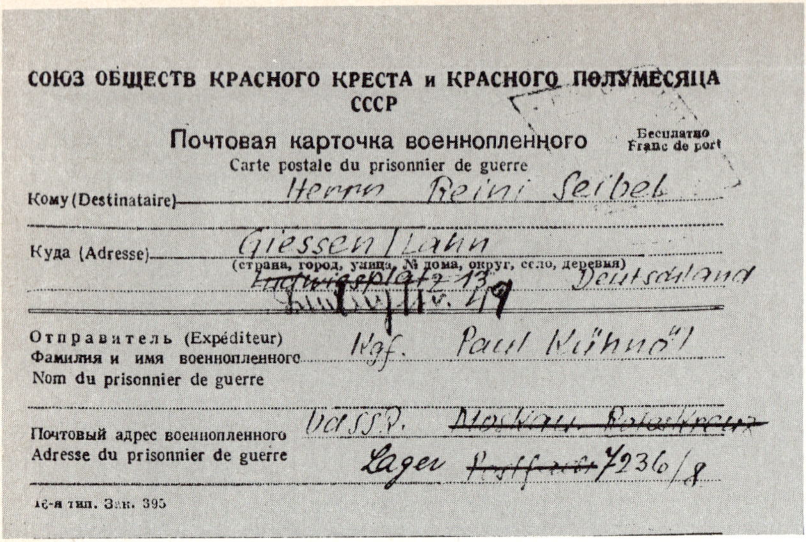
СОЮЗ ОБЩЕСТВ КРАСНОГО КРЕСТА и КРАСНОГО ПОЛУМЕСЯЦА
СССР

Почтовая карточка военнопленного — Бесплатно / Franc de port
Carte postale du prisonnier de guerre

Кому (Destinataire) Herrn Heini Seibel

Куда (Adresse) Giessen/Lahn
(страна, город, улица, № дома, округ, село, деревня)
~~Ludwigsplatz 13~~ Deutschland
[illegible] 49

Отправитель (Expéditeur)
Фамилия и имя военнопленного Kgf. Paul Kühnöl
Nom du prisonnier de guerre

Почтовый адрес военнопленного UdSSR. ~~Moskau Rotes Kreuz~~
Adresse du prisonnier de guerre Lager ~~Postfach~~ 7236/8

16-я тип. Зак. 395

117

Kriegsgefangenschaft und Vertreibung

Seit 1899 wurden in der Haager Landkriegsordnung die Bedingungen für die Behandlung von Kriegsgefangenen festgelegt. Nach diesen Vereinbarungen sollten die Kriegsgefangenen unmittelbar nach Beendigung der Auseinandersetzungen entlassen werden. Nach dem Ende des Zweiten Weltkrieges waren noch Millionen deutscher Kriegsgefangener von den Siegermächten für Arbeitsleistungen beim Wiederaufbau zurückbehalten worden. Die Rückführung der letzten 10000 deutschen Kriegsgefangenen in der Sowjetunion erfolgte erst 1955 nach einem »makabren Tauschgeschäft« (Binder 1977, S. 1258). Voraussetzung war Bonns Bereitschaft, diplomatische Beziehungen zu Moskau aufzunehmen, was der Hallstein-Doktrin vom »Alleinvertretungsanspruch« der Bundesrepublik Deutschland widersprach.

In seinem Bericht über die russische Kriegsgefangenschaft schreibt Helmut Gollwitzer: Da es die Gefangenen nirgends auf der Welt besser haben als die Bevölkerung, »war es nicht verwunderlich, daß ihnen nun die gleichen Entbehrungen zugemutet wurden wie dieser. An dieser Zumutung sind die Massen der deutschen Kriegsgefangenen in der Sowjetunion gestorben. Man hatte uns ja wahrlich nicht zur Erholung nach Rußland transportiert. Man wollte Arbeit von uns, nichts als Arbeit.« (Gollwitzer, S. 116) Die »Postkarte für Kriegsgefangene« (117) wurde 1947 nach Deutschland geschickt.

Über 9 Millionen Menschen sind in der Nachkriegszeit aus ihrer Heimat ausgewiesen worden. Der Anteil der Vertriebenen in der Bevölkerung der Bundesrepublik wuchs in manchen Bundesländern auf über 25 Prozent. Die Gefahr einer politischen Radikalisierung wurde befürchtet, als sich die »Lebensraum-

118

Politik« in ihr Gegenteil verwandelt hatte. Durch Wiedergutmachungsleistungen, Lastenausgleichszahlungen und die Unterstützung der Kriegsopfer in Höhe von insgesamt über 100 Milliarden Mark gelang der Versuch einer an Gerechtigkeit orientierten Integrationspolitik. Auf vielen Kundgebungen klagten die Vertriebenen ihr »Recht auf Heimat« ein (118), bekundeten aber 1950 in ihrer Charta den »Verzicht auf Rache und Vergeltung«.

119

Wiederaufbau

Die Nachkriegsjahre waren geprägt von Versorgungsschwierigkeiten, Hunger, Unterernährung und kalten Wintern. Der Mangel wurde durch die Militärbehörden mit Hilfe von Bezugsscheinen und Lebensmittelkarten »verteilt«. Der einzelne versuchte sein Los durch Hamstern und Schwarzmarktgeschäfte zu verbessern. Aber mit einem hungernden und frierenden Volk war nur schwer ein neues demokratisches Staatswesen aufzubauen. Daher sollte die 1946 in den USA gegründete »Cooperative for American Remittances to Europe« (CARE) mit ihren Paketen zur Linderung der Not beitragen. Das 1947 vom amerikanischen Außenminister Marshall entwickelte Europäische Wiederaufbauprogramm (ERP) unterstützte auch die Westzonen und die 1949 gegründete Bundesrepublik Deutschland beim Kauf von Rohstoffen, Investitionsgütern und Nahrungsmitteln. Karte 119 »Ich baue wieder auf!« – aus der belieb-

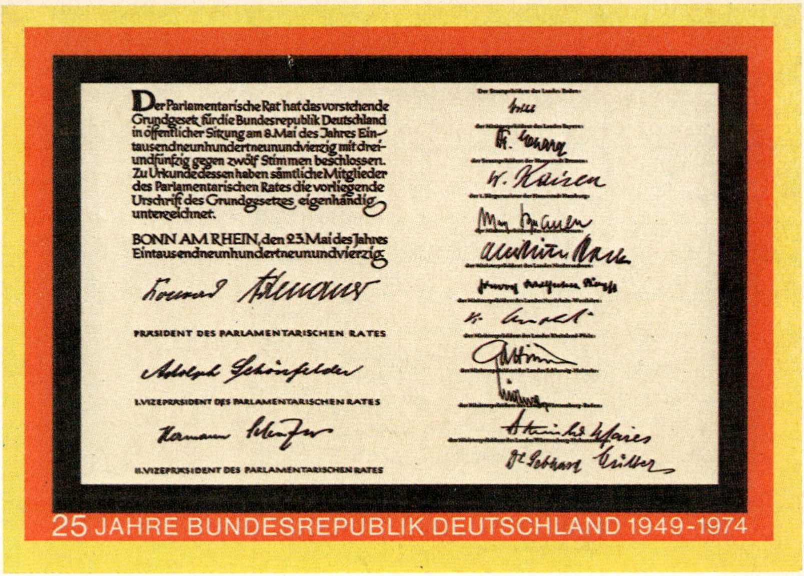

120

ten Serie »Toni und Vroni« – gibt in ihrer fröhlich-kindlichen Art einem etwas bemühten Optimismus Ausdruck.
Das politische Leben begann in Deutschland bereits 1945 mit der Neuzulassung der Parteien und 1946 mit der Wahl von Gemeinde- und Kreisräten. Die Selbstverwaltung wurde – im Gegensatz zum Zentralstaatsprinzip des Dritten Reiches – von unten nach oben aufgebaut (»Graswurzel-Demokratie«). Im gleichen Jahr fanden die ersten Landtagswahlen statt, so daß die von den Siegermächten eingesetzten Behörden durch gewählte Regierungen abgelöst werden konnten.
Starken Einfluß nahmen die westlichen Alliierten auf die verfassungsrechtliche Entwicklung des in den Westzonen entstehenden Staates »Bundesrepublik Deutschland«. Den Militärgouverneuren wurde in den »Frankfurter Dokumenten« vom 1. Juli 1948 ein weitgehendes Mitbestimmungs- und Kontrollrecht eingeräumt. Der Parlamentarische Rat, mit Konrad Adenauer (CDU) als Präsident und Carlo Schmid (SPD) als Vorsitzendem des Hauptausschusses, erarbeitete und beschloß das Grundgesetz, das nicht durch einen Volksentscheid, sondern – mit Ausnahme Bayerns – von den Landtagen der westdeutschen Länder angenommen wurde. Karte 120 erinnert an die 25. Wiederkehr der Unterzeichnung des Grundgesetzes am 23. Mai 1949. Zu diesem Jahrestag betonte der damalige Bundespräsident Heinemann: »Das Inkrafttreten des Grundgesetzes vor 25 Jahren zählt zu den seltenen Sternstunden unserer Geschichte. Es unterbreitet uns das große Angebot, zum erstenmal eine freiheitlich-rechtsstaatliche und soziale Demokratie zu verwirklichen. Im Mittelpunkt seines Ordnungsgefüges steht der mündige Bürger.«

121

Ökologie

Die wirtschaftliche Hilfe aus den USA und die wirtschaftspolitische Entscheidung des späteren Bundeskanzlers Erhard für die »Kräfte des Marktes« im Rahmen der »Sozialen Marktwirtschaft« standen am Anfang einer beispiellosen Entwicklung zu Wachstum und Wohlstand. Nach der Überwindung von Hunger und Not entstand in den 50er und 60er Jahren eine Phase bedenkenloser Konsumorientierung. Erst in den 70er Jahren bekamen Warnungen eine breitere Resonanz. Der 1972 erschienene Bericht des Club of Rome zur Lage der Menschheit machte die »Grenzen des Wachstums« bewußt. Die durch die enormen Preissteigerungen auf dem Erdölmarkt hervorgerufene Energiekrise im Jahr 1973 schuf ein neues Verhältnis des Menschen zur Natur und ihren Ressourcen. Die Abhängigkeit von seiner Umwelt wurde nach Jahren der Wachstumseuphorie deutlich. Die beiden Postkarten aus den 70er Jahren

122

bringen das neue ökologische Denken durch ironische Verfremdung der PR-Aktion »Es gibt viel zu tun ...« einer weltweiten Mineralölfirma (121) und sarkastische Abwandlung eines Plakates der Goethestadt Frankfurt (122) zum Ausdruck.

Das notwendige, sowohl die Staats- wie auch die Privatökonomie betreffende Umdenken wird deutlich in einem Zitat von Horst Stern: »Bezahlt den Bauern nicht die Überproduktion, sondern den Mindererlös, den sie in Kauf nehmen für stehenbleibende Hecken, die sie zeitraubend umfahren müssen, für nicht gerodete alte Nistbäume, die ihnen ertragsmindernden Schatten werfen auf Heu und Spalierobst, für orchideen- und insektenreiche Naßwiesen, die nur von Hand zu mähen sind, für naturbelassene Fließgewässer.« (Stern 1981)

123

Freiheit oder Sozialismus

Durch den unüberbrückbaren weltpolitischen Gegensatz der Supermächte war die deutsche Spaltung entstanden. Das alte Feindbild von der »bolschewistischen Gefahr« erhielt neue Nahrung durch die ständige Demonstration des »real existierenden Sozialismus« in der DDR. Mit der ersten sozialdemokratisch geführten Bundesregierung (ab 1969) steigerte sich der parteipolitische Schlagabtausch in vermeintlichem Abgrenzungszwang zu heftigen Auseinandersetzungen über das richtige Verständnis von »Freiheit« und »Sozialismus«. Dieses Thema spielte im Bundestagswahlkampf von 1976 eine besonders große Rolle. So entstand die Postkarte 123, der ein CDU-Plakat aus dem Jahr 1946 zugrunde liegt: Im Februar 1947 waren bei einer CDU-Tagung in Ahlen antikapitalistische Grundsätze formuliert worden. Aber schon die Düsseldorfer Leitsätze vom Juli 1949 enthielten – nach der erfolgreichen Währungsreform

124

im Juni 1948 – eine Abwendung von Wirtschaftsplanung und Wirtschaftslenkung zugunsten des Leistungswettbewerbs.
Ähnlich hatte sich die SPD den geänderten politischen Bedingungen mit ihrem Godesberger Programm 1959 angepaßt: Abkehr von marxistischen Verstaatlichungsforderungen und Umorientierung von der Klassen- zur Volkspartei.

Der Bundestagswahlkampf 1980 war durch die Spitzenkandidaten von SPD/FDP einerseits und CDU/CSU andererseits geprägt. Die ideologische Alternative von 1976 trat zugunsten einer starken Personalisierung »Schmidt oder Strauß« in den Hintergrund (124).

125

Berufsverbot und Arbeitslosigkeit

Als 1972 die Ministerpräsidenten den Radikalenerlaß, der für Bewerber des Öffentlichen Dienstes ein besonderes Prüfverfahren einführte, verabschiedeten, geschah dies in erster Linie als Reaktion auf die mit den Studentenunruhen 1967/68 einsetzenden neomarxistischen Strömungen. Der »Höhenflug« der rechtsradikalen NPD fiel in die gleichen Jahre. Die Erfahrungen des Weimarer Staates, dem nicht zuletzt unloyale, antirepublikanisch gesonnene Beamte zur Gefahr geworden waren, bildete dabei den historischen Hintergrund. Die legale Gewaltausübung des demokratischen Rechtsstaates wurde durch die Diskussion über die als notwendig empfundene Gegengewalt in Frage gestellt. Die terroristischen Anschläge der 70er Jahre forderten ein angemessenes Handeln des Staates heraus (»streitbare Demokratie«). Aber die verunsichernde, oft einschüchternde Wirkung der Regelanfrage beim Verfassungsschutz, die

126 

diesem Erlaß folgte, wurde bald heftig diskutiert. Die ironisch-sarkastische Berufsverbotsforderung der Karte 125 erinnert mit Porträts der nach 1933 emigrierten Dichter (Thomas und Heinrich Mann, Bert Brecht, Anna Seghers, Kurt Schwitters, Kurt Tucholsky), Künstler (John Heartfield, Otto Dix, George Grosz, Käthe Kollwitz), Wissenschaftler (Albert Einstein, Sigmund Freud) und Journalisten (Carl von Ossietzky, Walter Benjamin) an eine unheilvolle deutsche Praxis, die freilich weit mehr als den Öffentlichen Dienst erfaßte.

»Wir schaffen Arbeitsplätze durch Investitionen«: Dieser optimistischen Unternehmerparole stellt Karte 126 die Arbeitsplatzrealität gegenüber, wie sie durch die elektronische Revolution der Mikroprozessoren hervorgerufen wurde. Diese Rationalisierung bedeutet für viele Arbeitnehmer Umstellung, Umschulung oder auch Arbeitslosigkeit.

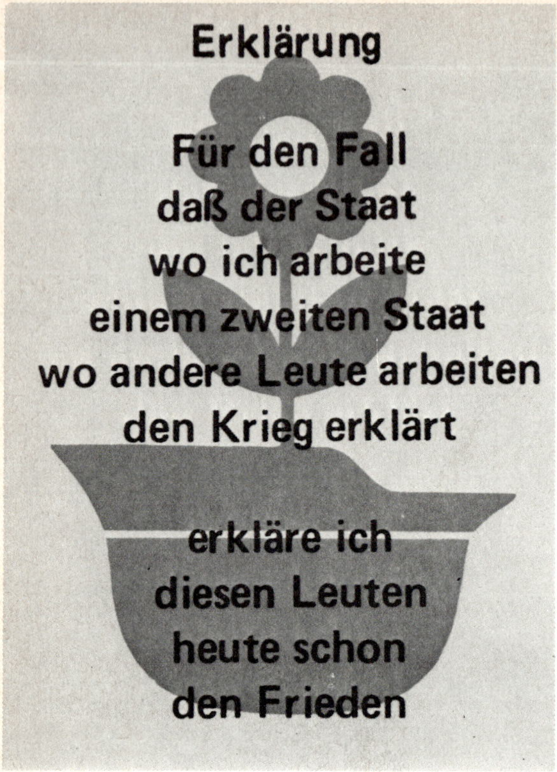

127

Friedensbewegung

Die seit Jahrzehnten bestehende atomare Bedrohung vor allem Mitteleuropas wurde durch den NATO-Nachrüstungsbeschluß vom 12. Dezember 1979, der die Stationierung einer neuen Generation nuklearer Mittelstreckenwaffen vorwiegend auf deutschem Boden vorsah, einer breiten Öffentlichkeit bewußt. In früheren Jahrzehnten konnte darauf hingewiesen werden, daß gerade das atomare »Gleichgewicht der Abschreckung« und das für beide Seiten hohe Vernichtungsrisiko den Frieden in Europa erhält. Mit dem Bekanntwerden von Atomkriegsplanspielen und von neuen Technologien, die einen begrenzten Einsatz von Atomwaffen (z.B. Neutronenwaffe) in den Bereich des Möglichen rückten, scheint für viele die »Atomschwelle« zu sinken und die Kriegsgefahr zu wachsen. Die Friedensdemonstration am 10. Oktober 1981 in Bonn hat Regierung und Parteien verunsichert.

128

Zur Friedensbewegung gehören Vertreter der verschiedenen politischen Lager, alle Altersgruppen und unterschiedliche gesellschaftliche Schichten. Auch das Spektrum der Motive, sich ihr anzuschließen, ist breit. Es reicht von einer dezidiert neutralistischen Position, die NATO-Bündnis und amerikanische Gefolgschaft ablehnt, bis hin zu stark emotional und privat geprägtem Engagement (127).

Im Gegensatz zur Situation vor früheren Kriegen (besonders 1914) ist heute allen bewußt, daß ein neuer Krieg undenkbare Dimensionen haben wird (128). Ein Krieg zwischen den Supermächten könnte zum Atomkrieg eskalieren und damit zur Vernichtung der beiden deutschen Staaten führen. Mit der 1982 auch in der DDR aktiv gewordenen Friedensbewegung (»Schwerter zu Pflugscharen«) wird eine elementare deutsch-deutsche Gemeinsamkeit deutlich: die Sorge um die zukünftige Existenz.

Dokumentation der abgebildeten Ansichtspostkarten

Diese Dokumentation gibt nicht sämtliche Daten der abgebildeten Postkarten systematisch an. Sie möchte vielmehr nur das jeweilige historische Umfeld aufzeigen, soweit hierfür der Kartenrückseite Aufschlußreiches zu entnehmen ist. So gibt der Poststempel (P) Auskunft über Zeitpunkt und Ort, an dem die Karte verschickt wurde; bei (oft unbeschriebenen) Gedenkkarten für Sammler sind Datum und Ort des Sonderstempels genannt. Der Adressat (A) weist in verschiedenen Fällen auf die soziale Schichtzugehörigkeit des Empfängers hin und nennt den Bestimmungsort; der Familienname des Empfängers ist abgekürzt. Der handschriftliche Text (Hs) ist nur übernommen, wenn er im Hinblick auf politische Ereignisse oder Zusammenhänge interessant ist; in vielen Fällen handelt es sich nur um persönliche Grüße oder Mitteilungen. Der gedruckte Text (T) der Rückseite ist aufgeführt. Zur Datierung (D) sind vereinzelt Jahreszahlen der Rückseite zu entnehmen. Herausgeber (Hg) sind nur genannt, wenn es sich um Institutionen handelt.

Abkürzungen:
A Adressat
D sonstige Datierung
Hg Herausgeber
Hs handschriftlicher Text
P Poststempel
T gedruckter Text
() unleserlich

I Deutschland, Deutschland über alles
P: 31. 12. 1899, Heidelberg
A: Fräulein Emmy B., Telegraphenamt, Hier
Hs: Ein Zeichen, daß ich immer an Sie denke. Ein stiller Verehrer.

II Gruß von der Dreikaiserreichs Ecke
P: 26. 10. 1899 (u. a., 4 Stempel)
A: Frau Anna P.-M., Limburg an der Lahn

III–IV Hab acht . . .
P: 20. 4. 1917, Stuttgart
A: Herrn Wilhelm H., Betriebsleiter Fabrik Henke, Sulzbach
Hs: (Persönliche Mitteilung)

V Optimismus
Unbeschrieben

1 Zur 50jähr. Erinnerung an d. Ereignisse des Jahres 1848
P: 13. 8. 1900, Frankfurt-Bornheim
A: Fräulein Gretchen St., Wohlgeborene bess. Stubenmädchen in Bornheim Frankfurt
Hs: (Persönliche Grüße)

2 Zum 100jährigen Geburtstag Kaiser Wilhelm's I.
P: 22. 3. 1897, Offenburg (Baden)
A: Fräulein Anna H., Wohlgeboren, in Offenburg, Malzfabrik
Hs: (Persönliche Grüße)

3 Heil Dir Deutschlands größtem Sohne!
Unbeschrieben
A (gedruckt): Sr. Durchlaucht dem Fürsten Otto von Bismarck, Friedrichsruh

4 (Bismarck im Himmel)
P: 2. 4. 1899, ()
A: Frau verw. Gutsbesitzer P. G. in Holleben b. Halle
Hs: (Persönliche Grüße)

5 Bismarck-Worte
P: 29. 5. 1916, Herrenberg (Württ.)
A: Frau Hauptlehrer K., Meinsheim b. Lauffen
Hs: (Persönliche Grüße)

6 Michel, wach auf! Daß man im Schlaf dich nicht verkauf'!
P: 5. 9. 1913, Roßbach (Böhmen)
A: Herrn Robert K., Asch
Hs: (Persönliche Mitteilung)
Hg: Bund der Deutschen Nordmährens in Olmütz

7 So weit die deutsche Zunge klingt!
Unbeschrieben
Hg: Alldeutscher Verband ›Wehrschatz‹

8 Der Zwei- und Drei-Bund oder der gesicherte Friede Europas
P: 14. 11. 1897, Esslingen
A: Fräulein Pala R. in Stuttgart
Hs: Gruß aus Esslingen vom guten Mittagessen

9 1813–1913 Zur Jahrhundertfeier der Freiheitskriege
Unbeschrieben

10 Kein Deutscher . . .
Unbeschrieben

11 Gruß aus dem Kölner Hof
P: 22. 9. 1897, Frankfurt (Main)
A: Herrn Pfarrer H., Saaralben Lothr.
Hs: Sehr geehrter Herr Pfarrer! Da ich mich aus dem Judengewimmel der Stadt in obiges Lokal geflüchtet habe, um in Ruhe ein Pilsner zu schlürfen, gedenke ich Ihrer u. sende die besten Grüße . . .

12 Gruß aus
P: 22. 5. 1899, Elberfeld
A: Herrn Fritz W. in Hagen i. W., Hotel Deutsches Haus
Hs: (Persönliche Grüße) . . . Juden raus! Besten Gruß . . . Die Liebe höret nimmer auf! Besten Gruß . . .

13 Deutschlands Zukunft liegt auf dem Wasser
Unbeschrieben

14 Die Söhne unseres Kronprinzenpaares
Unbeschrieben
D: 1909

15 Deutsche Mütter
A: Herrn Willy K., Hier
Hs: (Geburtstagswunsch)
T: Deutsche Mütter, Nr. 6 Badefest

16 (Frauenarbeit)
P: 8. 2. 1912, Worms
A: Herrn Ferdinand J., Alsfeld Oberh., Fa. J. A. Waldeck
Hs: (Gruß mit zahlreichen Unterschriften)
T: Der Deutschnationale Handlungsgehilfen-Verband sieht in der handelsgewerblichen Frauenarbeit die größte Schädigung für Standes- und Volkswohlfahrt. Zur Beseitigung ihrer Nachteile fordert er das Einschreiten der Gesetzgebung und die Beschränkung der Frauenarbeit auf Geschäftszweige, die ihrer Natur nach weibliche Fähigkeiten verlangen. Förderung von Haushaltungsschulen als Erziehungsmittel zum natürlichen Beruf der Frau.

17 Loreley
P: 5. 9. 1910, Assmannshausen
A: Herrn stud. H. Sch., Hann.-Münden
Hs: (Persönliche Grüße)

18 Ihre Majestät Elisabeth, Kaiserin von Österreich 1837–1898
P: 27. 9. 1898, ()
A: Fräulein Margot F., Berlin W.
Hs: Werteste Sammlerin! In Trauer und hoher Verehrung erlaube ich mir zur Erinnerung das Porträt unserer edlen Monarchin zu senden! . . . Mit bestem Sammlergruß . . .

19 Einig u. stark, deutsch bis in's Mark!
P: 25. 9. 1899, Plauen
A: Fräulein Alwine W., Hildburghausen i. Thüringen
Hs: (Persönliche Grüße)

20 Ein Mann mit Gott ist immer Majorität!
A: Familie Else Sch.
Hs: (Persönliche Grüße)

21 Mit uns das Volk. Mit uns der Sieg!
P: 2. 5. 1911, Recklinghausen
A: Herrn Rudolf B., Wiesbaden
Hs: Die besten Grüße sendet . . . zum ersten Mai . . .

22 (Der Hauptmann von Köpenick)
P: 21. 10. 1906, Berlin
A: Herrn Hermann K., Memmingen
Hs: (Persönliche Grüße)

23 Deutschland, Deutschland über Alles!
P: 11. 12. 1915, Schiltach
A: Fräulein Emma M., Emmendingen
Hs: (Persönliche Grüße)

24 Ein Volk in Waffen gegen eine Welt in Waffen
A: Frau Rentiere Pauline B., Stolp i. Pom.
Hs: (Persönliche Grüße)
(Die Namen unter den Porträts sind vertauscht; links: v. Moltke, rechts: Graf Haeseler)

25 Gruß vom Gewerkschaftsfest!
P: 19. 7. 1908, Wiesbaden
A: Fräulein Lilli M., Cronberg
Hs: (Gruß mit zahlreichen Unterschriften)

26 Welt-Feiertag
P: 5. 8. 1913, Fribourg (Schweiz)
A: Herrn Emil (), Thann i. Elsass
Hs: (Persönliche Grüße)

27 Deutsche Sozialversicherung
Unbeschrieben
T: Das Zentrum ist eine wahre Volkspartei! betreibt keine Interessenpolitik! kämpft für Thron und Altar! Für Wahrheit, Freiheit und Recht. An der Sozialgesetzgebung hat das Zentrum grundlegend u. ausschlaggebend mitgearbeitet. Jeder Arbeiterfreund wähle daher die Kandidaten des Zentrums und folge seiner Parole. Wohlfahrtspflege mit Hilfe des Kapitals der Versicherungen: Arbeiterwohnungen etc. 320 Mill. M., ländl. Wohlfahrtspflege 109 Mill. M., Krankenhaus, Gesundheitspfl., Erziehung, Volksbildung 447 Mill. M., Heilanstalten d. Invalid. Versicherung 60 Mill. M. – im ganzen 936 Mill. M.

28 Stuttgarter Strassenbahner Streik
P: 9. 6. 1902, Stuttgart
A: Herrn Chr. B., Spinnmeister, Unterboihingen

29 Gruß aus dem Zukunftsstaat
P: 6. 5. 1899, Berlin
A: Herrn Ferdinand St., Schoeneberg b. Berlin
Hs: (Persönliche Mitteilung)

30 Gut Heil!
P: 24. 8. 1905, ()
A: Fräulein Marie E., Hutfabrik, Eppendorf i. S.
Hs: Liebe Maria! ... Am Sonntag war großartiges Schauturnfest ...

31 Solidarität
P: 23. 5. 1909, Kronach
A: Fräulein Berta G., in Offenbach a. M.
Hg: Arbeiter-Radfahrer-Bund Solidarität, Offenbach a. M.

32 Wir lassen in der Stunde der Gefahr ...
P: 24. 12. 1915, K. D. Feldpost der 121. Inf. Div.
A: Familie Jakob B., Stuttgart-Gaisburg
Hs: Meine Lieben! Es geht mir bis jetzt noch mit Gottes Hilfe recht gut ...

33 Ich kenne keine Parteien mehr ...
P: 2. 10. 1914, Brandenburg (Havel)
A: Herrn Karl M. und Frau, Potsdam
Hs: Lieber Bruder! Endlich kann ich Euch mitteilen, daß ich ins Feld ziehe. Die guten Richtschützen wurden ausgesucht ... (Vorderseite:) Am Sonnabend Nachmittag ist Abmarsch.

34 Glänzender Entscheidungssieg bei Metz
P: 26. 1. 1916, Wurzen
A: Kraftfahrer Paul K., Flugzeugpark 5, Straßburg-Steudorf
Hs: (Persönliche Grüße)
T: Der Weltkrieg 1914. Glänzender Entscheidungssieg bei Metz. 20. und 21. August 1914. Über 10000 Gefangene, 150 Geschütze! Auf den blutgetränkten historischen Schlachtfeldern von Metz wurde eine neue Riesenschlacht gewonnen! Acht französische Armeekorps, mehr als eine halbe Million Mann umfassend, die in Lothringen vorgedrungen waren, stießen hier auf das unter Führung des Kronprinzen von Bayern stehende deutsche Heer und erlitten nach heißem Ringen auf der über 100 Kilometer langen Schlachtlinie eine so furchtbare Niederlage, daß ihre aufgelösten Armeereste in panikartiger Flucht nach Frankreich zurückfluten mußten. Die nachhaltig einsetzende Verfolgung der mit eiserner Bravour kämpfenden Deutschen aller Stämme brachte außer nach vielen, vielen Tausenden zählenden Gefangenen und der Erbeutung von über 150 Geschützen die Verlegung des Kriegsschauplatzes weithin auf französisches Gebiet.

35 Na ja, erst fangste an ...
P: 4. 2. 1915, Berlin
A: Wehrmann W. B., Ers. Batt. 5, Komp. Grend. Reg. N. 12, Frankfurt a. O.
Hs: (Persönliche Grüße)

36 Á Berlin
Unbeschrieben

37 Der böse Knabe ...
P: 8. 4. 1915, Irkutsk
A (kyril.): Awenir A., Kommissar, Irkutsk

38 »Wann darf man denn Herr Leutnant sagen?«
Unbeschrieben
T: Serie »Sonnenschein in ernster Zeit«; Bild 3

39 »Kinder, – – das müssen wir noch haben!«
Unbeschrieben
T: Serie »Sonnenschein in ernster Zeit«; Bild 5

40 Zu Schanden kam durch unser Heer ...
Unbeschrieben

41 Für den Altar des Vaterlandes!
P: 30. 7. 1916, K. D. Feldpoststation Nr. 124
A: Frau Kunigunde M. in Schweinfurt a. M.
Hs: Liebe Frau, Karte erhalten, meine wirst Du auch erhalten haben, bin soweit noch gesund, was Ich auch von Euch hoffe ...
T: Deutsche Kriegerkarte. Serie 2: »In der Heimat«, Karte Nr. 3: Für den Altar des Vaterlandes

42 Die Attacke
Unbeschrieben
Hg: Kriegshilfsbüro des k. k. Ministeriums des Inneren

43 Zeppelin kommt!
Unbeschrieben
T: Kriegspostkarte No. 46

44 Wir werden siegen
P: 7. 3. 1917, Coburg
A: Landst. Otto U., Inf. Reg. N. 420, z. Zt. beurlaubt, Wallendorf
Hs: (Persönliche Grüße)

45 Erzähl' uns was vom Hindenburg!
Hs: Meinem kleinen lieben Bübchen einen schönen Weihnachtsgruß vom Vätchen. Weihnachten 1916
T: Kriegspostkarte No. 48

46 Der Befreier Ostpreussens!
Unbeschrieben

47 Es braust ein Ruf wie Donnerhall ...
P: 12. 5. 1916, Angermünde
A: Frau Sanitätsrat G. W., Neuenahr
Hs: (Persönliche Mitteilungen)
T: »Unsere Feldgrauen«, Soldatenliedpostkarte No. 1
Hg: Verein für das Deutschtum im Ausland e. V.

48 Kolonialkriegerdank
Unbeschrieben
T: Auf Beobachtungsposten vor Tsingtau. Kolonialkriegerdank.
Hg: Eingetr. Verein zur Unterstützung ehemaliger Kolonialkrieger der Armee, Marine, der Schutz- und Polizeitruppen sowie deren Hinterbliebenen. Schutzherr: Herzog Johann Albrecht zu Mecklenburg, Ehrenpräsident: Herzog Adolf Friedrich zu Mecklenburg, Frhr. v. Gayl, General d. Inf., Mitgl. d. Herrenhauses

49 Von der russischen Grenze
Unbeschrieben

50 Väterchen, in deinem Lande ...
P: 20. 11. 1914, Coblenz
A: Herrn Joh. K., Düsseldorf
Hs: (Persönliche Grüße)

51 Nur nicht drängeln ...
P: 28. 9. 1914, Kreuznach
A: Hans Sch., U-Tertianer, Vohwinkel
Hs: (Persönliche Mitteilung)

52 Die Bauern fern im Feindesland ...
P: 4. 12. 1916, Feldpostexp. Landw. Divis.
A: Frau Christine Ö. in Höfenäckerle (Württ.)
Hs: Werte Schwägerin! Teile Dir mit, daß ich Dein liebes Paket mit Brief erhalten habe und sage meinen besten Dank dafür. Auch wünsche ich Deinem lieben Mann baldige Genesung, hoffentlich darf er daheim bleiben bei seiner Familie. Leider weiß ich von Gottlieb soviel wie nichts, nur weiß ich von meiner Frau, daß er in der Nähe von mir sei ... Ich bin vorerst noch gesund ...

53 Kohlenträgerinnen
Hs: Berlin, den 3. 12. 16. ... Bei uns im Zimmer ist es sehr kalt. Kohlen kommen nicht ran, es fehlt an Bahnleuten und Wagen, da werden wir diesen Winter frieren müssen ...

54 Sein Leben weihte er dem Vaterland
P: 27. 1. 1918, Karlsruhe
A: Frau L. K., Heidelberg
Hs: (Persönliche Grüße)

55 Bombensicher . . .
P: 23. 1. 1918, K. D. Feldpost
A: Fräulein Luise H., Stuttgart
Hs: . . . Wie geht es Dir, warum schreibst Du so lange nicht mehr? Mir geht es noch ordentlich, wir befinden uns seit gestern wieder in Stellung . . .

56 So seh' ich aus!
P: 9. 1. 1918, Landwehr Infanterie-Regiment
A: Fräulein Luise H., Stuttgart
Hs: (Persönliche Grüße)

57 Über den Kriegswolken
P: 21. 7. 1916, Baden (Schweiz)
A: Frauen Sophie Egli M. in Glatten, Württemberg
Hs: (Persönliche Grüße)

58 Souvenir du 1er Août 1916
Unbeschrieben
T: Erinnerungspostkarte an den Pflege-Aufenthalt der kranken Kriegsgefangenen in der Schweiz

59 Es ist erreicht!!! Meine Zukunft liegt im Wasser!!!
Unbeschrieben

60 Scheidemann verkündet von dem Fenster des Reichstagsgebäudes die deutsche Republik!
Unbeschrieben

61 So gefällst Du mir! Geh und melde Dich bei dem Freikorps Hülsen, Charlottenburg, Sophie-Charlottestr. 69/70
Unbeschrieben

62 Bayern, der Bolschewik geht um! Hinaus mit ihm am Wahltag!
Unbeschrieben
T: Das goldene ABC. Die bayerische Volkspartei will sein: 1. eine *A*llgemeine Volks-, keine Klassenpartei; 2. eine *B*ayerische, aber nicht reichsfeindliche Partei; 3. eine *C*hristliche, aber nicht konfessionelle Partei; 4. eine *D*emokratische Verfassungs-, aber keine Umsturzpartei.

63 Strassenkämpfe in Berlin
Unbeschrieben

64 Deutsche Nationalversammlung in Weimar 1919
P: 1. 7. 1919, Weimar Nationalversammlung
Unbeschrieben
T: Offizielle Postkarte

65 Die Anstifter des Weltkrieges vor dem Weltgericht
Unbeschrieben
T: Vorn links: Italien mit dem zerrissenen Dreibundvertrage, dahinter Frankreich, der Ministerpräsident Pasitsch von Serbien, der König von England, König Albert von Belgien und Grossfürst Nikolajewitsch. Weiter vorn der Zar von Russland, unter ihm die brennende Bombe von Sarajewo, die den Weltkrieg entzündete. Über diesen in Wolken Lüge, Hass, Rachsucht und Verleumdung, denselben gegenüber Erzengel Michael, der Schützer der Zentralmächte. Im Vordergrund die anklagende Germania, die Anstifter des Krieges zur Rechenschaft fordernd, hinter ihr die Flüchtlinge aus den Grenzbezirken. Im Hintergrund rechts Kaiser Wilhelm und Kaiser Franz Josef von jauchzenden Kriegern umringt.

66 Friß Vogel oder stirb!
Unbeschrieben
T: So sieht er aus, des Weltkriegs stolzer Sieger/Ein Zwittertier, halb Lamm und halb ein Tiger/Es reicht dem todeswunden deutschen Aar/Das Lügengift, die Schlang zum Fraße dar/Und höhnend brüllt es: ›Bist du endlich mürb?‹/Du hast die Wahl: ›Friß Vogel oder stirb!‹/ Ich mein es gut, sieh nur den Lammsfuß an/Und glaubst du's nicht, so kommt die Tatze dran!/Friß Vogel oder stirb – der Fraß ist fein – /Hast du den erst im Leib, dann bist du mein/Dann bleibst du flügellahm und gleichst dem Mann/Der leben nicht und auch nicht sterben kann./ Werner Altenberg.
Bekämpfet die Schuldlüge/Verbreitet die Wahrheit

67 (Germania am Marterpfahl)
Unbeschrieben

68 Wir wollen unsern Kaiser wieder
P: 28. 2. 1927, Berlin-Wittenau
A: Familie Alfons St., Berlin, Schöneberg
Hs: Noch keene Wohnung? Det is vont Wohnungsamt nich scheen. Drum misst ihr efter mal hingehen, sonst werden wir, denkt doch mal bloß, Unsre Hochzeitsgabe gar nicht los ...
Hg: Die Aktion, Wochenschrift für revolutionären Sozialismus, Berlin

69 Festungshaftanstalt, Landsberg am Lech
P: (), Landsberg
A: Frau u. Herrn Ing. Stefan S., Wien
Hs: Viele herzl. Grüße von Landsberg, wo der Führer in Festungshaft war ...

70 Ein Franken Spende aus der Schweiz für die notleidende Rhein- und Ruhrbevölkerung
Unbeschrieben
T: Dankkarte für die Abgabe eines Frankens an die 1 Franken-Spende aus der Schweiz ... 1923

71 Die Zwangsmieter erscheinen!
Hs: März 1920

72 Deutschböhmen – Sudetenland
P: 21. 7. 1920, Wien
A: Ehrenf. Herrn Dr. Ludwig St., Wien
Hs: Sehr geschätzter Kriegskamerad! ... (Vereinbarung eines Treffens)
T: Bitte dieses Merkblatt geeignet zu verwerten.

73 So! muß es kommen
P: 12. 3. 1921, Stuttgart
A: Herrn und Frau Oberamtsbaumeister B., Kirchheim a. d. Teck
Hs: (Persönliche Mitteilung)

74 Schwarz die Zukunft ...
Unbeschrieben

75 3. Deutscher Arbeiter-Jugendtag, Nürnberg 1923
P: 13. 8. 1923, Nürnberg
A: Familie Fritz M., Kiel
Hs: ... Verlebten einige Urlaubstage hier mit Coburger Jugendgenossen ... Soweit gehts noch gut, obwohl die Zeit alles andere als schön ist ...
Hg: Arbeiterjugend-Verlag, Berlin

76 Eintritt der Schweiz in den Völkerbund
P: 26. 8. 1920, Biel (Bienne), Juravorstadt
A: Herrn Martin Sch., Pastor, Herrenhut i. Sachsen
Hs: (Persönliche Grüße)

77 Conferenza di Locarno 5–16 Ottobre 1925
Unbeschrieben

78 Anschluss
Unbeschrieben
T: »Sie wollten uns in Stücke haun,/Uns treffen bis ins Mark;/Nun wollen wir die Brücke baun,/Denn Einigkeit macht stark.«/E. Triebnigg.

79 Das ganze Deutschland soll es sein!
P: 23. 9. 1925, Wien
A: Herrn Ing. Franz H., Hermannstadt, Romänien
Hs: Von der Siegverkündigung des Gauschwimmfestes sendet Euch beste Grüße ...
Hg: Deutscher Turnerbund (1919)

80 Einst und jetzt!
Hs: Die Person der Mitte scheint ja wohl Ebert und Noske zu sein. Oder irre ich mich da? D. O.

81 Reichspräsident von Hindenburg bei der Eidesleistung am 12. 5. 25
Unbeschrieben

82 Hände weg vom Ruhrgebiet!
Unbeschrieben
Hg: Verlag der Kultur Liga, Berlin

83 Frei ist der Rhein!
Unbeschrieben
T: Zur Erinnerung an die Befreiung der besetzten Gebiete

84 Der Landtag ist aufzulösen!
Unbeschrieben
T: Stürzt der roten Bonzen Thron:/Helft mit goldner Munition!/Trage Dich ein 8.–21. April! in den folgenden Lokalen der Altstadt: ... Der Stahlhelm, Ortsgr. Altstadt (Berlin)
Hg: Der Stahlhelm, B. d. F., Bundesamt, Propaganda-Abteilung

85 Aufwärts durch Volksentscheid
P: 8. 8. 1931, Gelsenkirchen
A: Fräulein A. H., Canstadt/Wttbg
Hg: Der Stahlhelm, B. d. F., Bundesamt, Propaganda-Abteilung

86 Internationale Automobil- und Motorrad-Ausstellung, Berlin 1938
P: 22. 2. 1938, Berlin-Charlottenburg
Unbeschrieben

87 »Pflege des Luftsports . . . «
P: 18. 4. 1937, Chemnitz-Südkampfbahn
Unbeschrieben

88 (Friedrich der Große, Bismarck, Hitler)
Unbeschrieben
D: 1933 (Signatur der Zeichnung)
T: »Männer der Zeit« Nr. 74. Friedrich d. Gr., Bismarck, Hitler

89 Potsdam 21. März 1933
Unbeschrieben

90 Reichsparteitag-Gelände in Nürnberg
P: 13. 9. 1937, Nürnberg, Reichsparteitag der NSDAP
A: An Ernst Th., Stuttgart
Hs: (Grüße mit 12 Unterschriften)

91 Reichssportfeld Berlin-Grunewald
Unbeschrieben
T: Werbe-Postkarte Nr. 10 für die Olympischen Spiele 1936
Hg: Propagandaausschuß f. d. Olympischen Spiele 1936 und dem Hilfsfonds für den Deutschen Sport, Berlin

92 NS-Gemeinschaft »Kraft durch Freude«
Unbeschrieben
Hg: Hamburg-Südamerikanische Dampfschifffahrts-Gesellschaft

93 Hau-Ruck . . . alles faßt mit an!
P: 18. 5. 1935, Hannover, Niedersächsische Arbeits- und Wirtschaftsschau
A: Herrn Paul P., Grünberg Schl.
Hs: Poststempelgrüße Ihr . . .

94 Tag der Deutschen Kunst, München, 14.–16. Juli 1939
P: 14. 7. 1939, München, Hauptstadt der Bewegung
A: Herrn Leopold M., Karlsruhe
Hs: (Persönliche Grüße)
T: Offizielle Festpostkarte für den Tag der Deutschen Kunst 1939

95 Ernterast
Unbeschrieben
T: München, Haus der Kunst. Johannes Beutner, Ernterast

96 Reichsnährstand – Blut und Boden
P: 10. 6. 1939, Leipzig, 5. Reichsnährstands-Ausstellung
Unbeschrieben

97 Deutscher Erntedanktag
Unbeschrieben
T: Erntedankfest (Bückeberg)

98 Der ewige Jude
P: 19. 12. 1937, München, Hauptstadt der Bewegung
Unbeschrieben

99 Und Ihr habt doch gesiegt!
P: 9. 11. 1938, München, Hauptstadt der Bewegung
Unbeschrieben
T: Offizielle Erinnerungspostkarte zum 9. November 1938

100 Männer des Spatens
Unbeschrieben

101 (Glaube und Schönheit)
Unbeschrieben

102 13. März 1938. Ein Volk, ein Reich, ein Führer
P: 8. 4. 1938, Wien, Am 10. April dem Führer Dein »Ja«
Unbeschrieben

103 Wir danken unserm Führer
T: 4. 12. 1938 (geschwärzt)

104 Helf dir selber, dann helft dir auch unser Herre Gott!
P: 13. 12. 1940, Feldpost
A: Frau Friedel Sch., Koblenz
Hs: (Persönliche Grüße)
Hg: NSDAP, Gauleitung Düsseldorf, für das Hilfswerk des Deutschen Roten Kreuzes

105 Malheur! Qu'as tu fait de l'Allemagne!!!
Unbeschrieben
D: 1939 (Gemälde), 1944 (hs. Vermerk)
Hg: P–C, Paris

106 Uns kann der erste Seelord nicht erschüttern!
P: 8. 2. 1943, Eberswalde (Feldpost)
A: Herrn Sch., Berlin-Gatow
Hs: (Persönliche Mitteilung)

107 Danzig ist deutsch
P: 19. 12. 1939, Gies ()
A: Frau Maria R., Büste b. Bismarck
Hs: (Persönliche Mitteilung)
T: Kriegspostkarte WHW (Winterhilfswerk)

108 Vertrag von Versailles
P: 9. 8. 1940, Helgoland, 50 Jahre deutsch 1890–1940
Unbeschrieben

109 Deutsch sein, heißt treu sein!
P: 17. 10. 1938, Bamberg
A: Frl. Hedy E., Scheßlitz b. Bamberg
Hs: (Glückwunsch)
Hg: Bund Deutscher Mädel

110 Nicht Du bist der Maßstab! Sondern die Front!
P: 13.–15. 8. 1943, Tag der NSDAP des Generalgouvernements
Unbeschrieben

111 Unser neues Deutschland heißt: Ehre und Arbeit
Unbeschrieben

112 Ins deutsche Jahrtausend!
Unbeschrieben

113 (Entnazifizierung)
P: Zustellung 9. 11. 1946
A: August S., Schmie

114 Dachau 29. IV. 1945/46
P: 29. 4. 1945–46, Dachau, Tag der Befreiung
Unbeschrieben
T: Karta Pamiatkowa z l-szej rocznicy oswobodzenia O. K. Dachau 29. kwiecien 1945. (geschwärzt:) Gedenkkarte zum Tag der Befreiung des KZ Dachau 29. April 1945
Hg: Intern. Inform. Office, Dachau

115 100 Jahre Kampf um die deutsche Einheit
P: 18. 3. 1948, Leipzig, 1848–1948, Robert Blum. Der Kämpfer für Einheit und Demokratie wirkte in der Messestadt Leipzig
Unbeschrieben
Hg: Leipziger Volkskomitee für Einheit und gerechten Frieden

116 Die »lebende Mauer« am 13. Aug. 1961
Unbeschrieben

117 (Kriegsgefangenenkarte)
P: ()
A: Herrn Reini S., Giessen/Lahn
Hs: UdSSR. Lager 7236/8 – 4. 4. 47 Lieber Reini! Bin gesund. Wenn Du weißt, wo Lottel mit Lieselottchen sich aufhalten, gib mir und ihnen Bescheid! ...

118 Tag der Danziger in Kiel, 1.–2. August 1953
P: 2. 8. 1953, Kiel, Tag der Danziger, Gerechtigkeit für Danzig
Unbeschrieben
T: Kämpft für die Freiheit der Heimat

119 »Ich baue wieder auf!«
Unbeschrieben
T: »Toni und Vroni« – Karte Nr. 110

120 25 Jahre Bundesrepublik Deutschland 1949–1974
Unbeschrieben

121 Der Mensch braucht ...
Unbeschrieben
T: Postkarte Nr. 1: Der Mensch braucht ... 1979
Hg: FDGÖ, Berlin

122 225 Jahre Goethe – 111 Jahre Farbwerke Hoechst
Unbeschrieben
T: nr. 26, klaus staeck 1974, 225 jahre goethe
Bezugsquelle: Edition Staeck,
Ingrimstr. 3, 6900 Heidelberg

123 Arbeiter der Stirn und der Faust!
Unbeschrieben
T: klaus staeck 1976, nr. 17b, freiheit oder sozialismus
Bezugsquelle siehe 122

124 Behüte Gott!
Unbeschrieben
T: Nr. 35 Hüte, Ernst Volland 1978
Bezugsquelle: Ernst Volland,
Deidesheimerstr. 29, 1000 Berlin 33

125 Wir fordern Berufsverbot für ...
Unbeschrieben
T: Nr. 1 Berufsverbot, Ernst Volland 1973
Bezugsquelle siehe 124

126 Wir schaffen Arbeitsplätze durch Investitionen
Unbeschrieben
T: Nr. 81a, Klaus Staeck (1977), Arbeitsplätze durch Investitionen
Bezugsquelle siehe 122

127 Erklärung
Unbeschrieben

128 Thema Sicherheit
Unbeschrieben
T: Nr. 128a, Klaus Staeck (1981), Thema: Sicherheit
Bezugsquelle siehe 122

Staats- und Regierungsform

1871–1918	Konstitutionelle Monarchie, Bundesstaat
28. 10. 1918–9. 11. 1918	Parlamentarische Monarchie, Bundesstaat
seit 9. 11. 1918	Republik
10. 11. 1918–19. 1. 1919	Doppellegitimierung: Ebert wird Reichskanzler (sein Vorgänger überträgt ihm dieses Amt, der 1912 gewählte Reichstag war nicht aufgelöst worden) und zum Vorsitzenden des Rats der Volksbeauftragten (durch die Berliner Arbeiter- und Soldatenräte) gewählt
19. 1. 1919–27. 3. 1930	Parlamentarische Demokratie, Bundesstaat
29. 3. 1930– 2. 8. 1934	Präsidialdemokratie, Bundesstaat
2. 8. 1934– 8. 5. 1945	Ein-Parteien-Diktatur, Führerstaat, Zentralstaat
1945–1949	Militärregierungen der Alliierten
seit 15. 9. 1949	Parlamentarische Demokratie, Bundesstaat

Staatsoberhäupter

1871–1888	Kaiser Wilhelm I.
1888	Kaiser Friedrich III.
1888–1918	Kaiser Wilhelm II.
1919–1925	Reichspräsident Friedrich Ebert (SPD)
1925–1934	Reichspräsident Paul von Hindenburg
1934–1945	Führer und Reichskanzler Adolf Hitler (NSDAP)
1945	Karl Dönitz
1949–1959	Bundespräsident Theodor Heuss (FDP)
1959–1969	Bundespräsident Heinrich Lübke (CDU)
1969–1974	Bundespräsident Gustav Heinemann (SPD)
1974–1979	Bundespräsident Walter Scheel (FDP)
seit 1979	Bundespräsident Karl Carstens (CDU)

Regierungschefs (Reichs- bzw. Bundeskanzler)

1871–1890	Otto Fürst von Bismarck
1890–1894	Graf Georg Leo Caprivi
1894–1900	Chlodwig Fürst zu Hohenlohe-Schillingsfürst
1900–1909	Bernhard Fürst von Bülow
1909–1917	Theobald von Bethmann Hollweg
1917	Georg Michaelis
1917–1918	Georg Graf Hertling
1918	Max Prinz von Baden
1918–1919	Friedrich Ebert (Vorsitzender des Rats der Volksbeauftragten)
1919	Gustav Scheidemann (SPD)
1919–1920	Gustav Bauer (SPD)
1920	Hermann Müller (SPD)
1920–1921	Konstantin Fehrenbach (Zentrum)
1921–1922	Josef Wirth (Zentrum)
1922–1923	Wilhelm Cuno (parteilos)
1923	Gustav Stresemann (DVP)
1923–1925	Wilhelm Marx (Zentrum)

1925–1926	Hans Luther (parteilos)
1926–1928	Wilhelm Marx (Zentrum)
1928–1930	Hermann Müller (SPD)
1930–1932	Heinrich Brüning (Zentrum)
1932	Franz von Papen (bis dahin: Zentrum)
1932–1933	Kurt von Schleicher
1933–1945	Adolf Hitler (NSDAP)
1945	Johann Ludwig Graf Schwerin von Krosigk
1949–1963	Konrad Adenauer (CDU)
1963–1966	Ludwig Erhard (CDU)
1966–1969	Kurt Georg Kiesinger (CDU)
1969–1974	Willy Brandt (SPD)
seit 1974	Helmut Schmidt (SPD)

Staatsfarben

1871–1918	Schwarz-Weiß-Rot
1919–1933	Schwarz-Rot-Gold (Handelsflagge und Gesandtschaftsflagge: Schwarz-Weiß-Rot)
1933–1945	Schwarz-Weiß-Rot
seit 1949	Schwarz-Rot-Gold

Nationale Gedenk- und Feiertage

18. 10. 1817	Wartburgfest der Burschenschaft zur Erinnerung an Reformation und Völkerschlacht bei Leipzig. Demonstration für Einheit und Freiheit Deutschlands.
27. 5. 1832	Hambacher Fest. Massenkundgebung mit den Zielen Einheit, freigewählte Volksvertretungen und republikanisches Europa.
18. 5. 1848	Eröffnung der Nationalversammlung in der Frankfurter Paulskirche. Erste Formulierung von Grundrechten in Deutschland.
18. 1. 1871	Gründung des Deutschen Reiches in Versailles
9. 11. 1918	Revolution und Abdankung des Kaisers
20. 7. 1944	Der Aufstand gegen das nationalsozialistische Terrorregime und das Attentat auf Hitler scheitern
23. 5. 1949	Grundgesetz der Bundesrepublik Deutschland
17. 6. 1953	Volksaufstand in der DDR

Außenpolitische Ereignisse

1871	Reichsgründung nach dem deutsch-französischen Krieg
1873	Dreikaiserabkommen: Österreich-Ungarn, Rußland und Deutsches Reich
1878	Berliner Kongreß: Bismarck als »ehrlicher Makler« im Balkankonflikt
1882	Dreibundvertrag: Österreich-Ungarn, Deutsches Reich, Italien
1884/85	Gründung deutscher Kolonien in Afrika und im Pazifik
1890	Kündigung des Rückversicherungsvertrages mit Rußland
1898	Pachtvertrag mit China über Tsingtau auf 99 Jahre
1905	und 1911 Marokkokrisen (1911: »Panthersprung«)
1912/13	Balkankriege
1914–18	Erster Weltkrieg
1919	Vertrag von Versailles
1922	Rapallo: Vertrag mit der UdSSR
1925	Locarno: Deutschland garantiert Westgrenzen und verzichtet auf Gewalt gegen Polen
1926	Eintritt in den Völkerbund
1929	Beginn der Weltwirtschaftskrise
1932	Ende der Reparationszahlungen

1933	Austritt aus dem Völkerbund
1936	Olympische Spiele in Berlin
1937	Beteiligung am Spanischen Bürgerkrieg (Guernica y Luno)
1938	Anschluß Österreichs. Münchner Abkommen: Abtretung der sudetendeutschen Gebiete an Deutschland
1939	Einmarsch in Prag. Deutsch-sowjetischer Nichtangriffspakt Krieg gegen Polen: Beginn des Zweiten Weltkriegs
1940	Besetzung von Paris. Luftkrieg gegen England
1941	Angriff auf die UdSSR
1941	Kriegserklärung an die USA
1943	Stalingrad: Kapitulation der 6. deutschen Armee
1944	Normandie: Invasion der Anglo-Amerikaner (Zweite Front)
1945	Konferenz von Jalta. Kapitulation. Potsdamer Konferenz. Atombombe auf Hiroshima. Alliierter Kontrollrat in Berlin. Gründung der Vereinten Nationen (UN)
1947	Truman-Doktrin: Wirtschaftshilfe der USA für alle bedrohten freien Völker
1948/49	Berliner Blockade
1949	Gründung der NATO
1952	Wiedergutmachungsvertrag mit Israel
1954	Pariser Verträge: Beitritt der Bundesrepublik zur NATO
1957	Rom: EWG-Vertrag (heute: Europäische Gemeinschaft)
1970	Moskauer und Warschauer Vertrag (Gewaltverzicht, Anerkennung der Oder-Neiße-Linie als polnische Westgrenze)
1971	Berlin: Viermächteabkommen (Transitregelung)
1972	Olympische Spiele in München
1975	KSZE-Schlußkonferenz in Helsinki
1979	Erste Direktwahl eines Europäischen Parlaments. Nachrüstungsbeschluß der NATO

Innenpolitische Ereignisse

1871	Reichsgründung
1873	»Maigesetze«: Versuch einer staatlichen Kirchenaufsicht (»Kulturkampf«)
1878	Sozialistengesetz gegen die Sozialdemokratie
1879	Schutzzollpolitik und Bündnis zwischen »Roggen und Eisen«
1881	Kaiserliche Botschaft zur Sozialversicherung
1890/91	Arbeiterschutzgesetze
1891	Allgemeiner Deutscher Verband (Alldeutscher Verband) gegründet
1895	Gewerkschaftsführung wird gegenüber SPD selbständig
1898	Deutscher Flottenverein gegründet
1900	Das Bürgerliche Gesetzbuch tritt in Kraft
1908	Die »Daily-Telegraph-Affäre«: Interview Wilhelms II. löst Kritik an seinem »persönlichen Regiment« aus
1912	SPD stärkste Reichstagsfraktion
1914	Weltkrieg: »Burgfrieden«, Bewilligung der Kriegskredite
1917	Spaltung der SPD. Friedensresolution im Reichstag
1918	Revolution. Abdankung des Kaisers und Thronverzicht der Fürsten. Rätekongreß beschließt Wahlen zur Nationalversammlung
1919	Weimarer Verfassung: Menschenrechte erhalten zum erstenmal in Deutschland Verfassungsrang
1920	Betriebsrätegesetz. Kapp-Lüttwitz-Putsch. Bürgerkrieg im Ruhrgebiet
1921	Abstimmung in Oberschlesien
1923	Ruhrkampf. Inflation. Hitler-Putsch
1926	Flaggenverordnung
1930	Zahl der NSDAP-Sitze im Reichstag steigt von 12 auf 107
1931	Auswirkungen der Weltwirtschaftskrise: Bankkrach, Notverordnungen, Harzburger Front und Eiserne Front
1932	Zwei Reichstagswahlen. Über 6 Millionen Arbeitslose

1933/34	Machtergreifung der NSDAP und Gleichschaltung
1934	Barmer Erklärung der »Bekennenden Kirche« als Antwort auf die nationalsozialistische Orientierung der »Deutschen Christen«
1935	Nürnberger Gesetze zur Judenfrage: Blutschutzgesetz
1936	Einmarsch in das entmilitarisierte Rheinland
1938	»Reichskristallnacht«
1942	Wannsee-Konferenz: Endlösung der Judenfrage
1944	Attentat und Aufstandsversuch gegen Hitler
1945	»Nero-Befehl« (Zerstörung von Industrie- und Versorgungsanlagen). Kapitulation
1945/46	Zulassung politischer Parteien
1946	Entnazifizierung. Nürnberger Prozesse. Vereinigungsparteitag: aus SPD und KPD wird die SED in Ostberlin und in der sowjetischen Besatzungszone
1948	Währungsreform. Berliner Blockade
1949	Gründung der Bundesrepublik Deutschland und der Deutschen Demokratischen Republik
1952	Betriebsverfassungsgesetz
1953	Aufstand in der DDR
1961	Bau der Berliner Mauer
1966	Große Koalition (CDU/CSU-SPD). 1967 Außerparlamentarische Opposition
1968	Notstandsgesetzgebung. Studentenunruhen
1969	Sozialliberale Koalition (SPD-FDP)
1972	Konstruktives Mißtrauensvotum der CDU scheitert
1973	Verabschiedung des Energieprogramms
1974	Guillaume-Spionage-Affäre: Rücktritt der Regierung Brandt
1975–77	Terroristenprozesse in Stammheim
1981	Friedensdemonstration in Bonn (etwa 300000 Teilnehmer)

Fläche und Bevölkerung

Jahr	Gebiet	km²	Einwohner	Ew/km²
1880	Deutsches Reich	540858	45234061	84
1910	Deutsches Reich	540858	64925993	120
1925	Deutsches Reich	470671	62410619	134
1940	Deutsches Reich (einschl. Protektorat Böhmen und Mähren u. Generalgouvernement lt. Volks-Brockhaus 1941)	841099	111351000	144
1970	Bundesrepublik Deutschland	248577	60650600	244
	DDR (1967)	108178	17040000	156

Geburtenrate

(Lebendgeborene auf 1000 Einwohner, Reichsgebiet: jeweiliger Gebietsstand, ab 1945 Bundesgebiet)

1875	40,6	1933	14,7	1970	13,4
1900	35,6	1939	20,4	1974	10,1
1913	27,5	1942	14,9	1978	9,4
1917	13,9	1949	16,8	1980	10,1
1920	25,9	1963	18,3		

Struktur der Erwerbstätigkeit (in Prozent)

	1895	1950	1979
Selbständige	25	16	10
mithelfende Familienangehörige	10	15	4
Angestellte und Beamte	8	20	44
Arbeiter	57	49	42
	100	100	100

Arbeitslosenzahl (in Millionen)

1920:	1,18	1937:	1,85	1970:	0,148
1923:	0,25	1950:	1,869	1974:	0,582
1928:	1,86	1960:	0,271	1975:	1,074
1930:	3,21	1965:	0,147	1980:	0,888
1932:	6,128	1967:	0,459	1981:	1,271

Entwicklung des Sozialstaats

1883 Krankenversicherung für Arbeiter
1884 Unfallversicherung
1889 Alters- und Invalidenversicherung für Arbeiter
1911 Rentenversicherung für Angestellte
1927 Arbeitslosenversicherung
1957 Dynamische Rente
1970 Lohnfortzahlung bei Krankheit auch für Arbeiter

Literaturverzeichnis

Achten, Udo: Illustrierte Geschichte des 1. Mai. Oberhausen 1979

Barozzi, Gerhard u. a.: Kunst im 3. Reich. Dokumente der Unterwerfung. Frankfurt am Main 1979

Binder, Gerhart: Epoche der Entscheidungen. Deutsche Geschichte des 20. Jahrhunderts mit Dokumenten in Text und Bild. Stuttgart 1966

Binder, Gerhart: Geschichte im Zeitalter der Weltkriege. Unsere Epoche von Bismarck bis heute. 2 Bände. Stuttgart 1977

Binder, Gerhart/Hartmut Wasser: Deutschland deine Legenden. Berichtigungen zur deutschen Geschichte von Bismarck bis Brandt. Stuttgart 1974

Bracher, Karl D.: Schlüsselwörter in der Geschichte. Düsseldorf 1978

Brune, Thomas u. a.: Arbeiterbewegung – Arbeiterkultur, Stuttgart 1890–1933, Begleitheft zur Ausstellung, 29. 4.–14. 6. 1981, Württembergisches Landesmuseum Stuttgart 1981

Doehring, Bruno (Hg.): Ein feste Burg. Predigten und Reden aus eherner Zeit. Band 1. Berlin 1914

Engelmann, Bernt: Trotz alledem. Deutsche Radikale 1777–1977. Reinbek bei Hamburg 1979

Fest, Joachim C.: Hitler. Eine Biographie. Berlin 1973

Fischer, Fritz: Griff nach der Weltmacht. Düsseldorf 1967

Fischer, Fritz: Krieg der Illusionen. Die deutsche Politik von 1911 bis 1914. Düsseldorf 1969

Fromm, Erich: Über den Ungehorsam. Stuttgart 1982

Gall, Lothar: Bismarck. Der weiße Revolutionär, Frankfurt am Main 1980

Global 2000. Der Bericht an den Präsidenten. Frankfurt 1980

Gollwitzer, Helmut: ... und führen, wohin du nicht willst. Bericht einer Kriegsgefangenschaft. München 1952

Grebing, Helga: Der Nationalsozialismus. Ursprung und Wesen. München 1964

Greiffenhagen, Martin und Sylvia: Ein schwieriges Vaterland. Zur Politischen Kultur Deutschlands. München 1979

Grosser, Alfred: Geschichte Deutschlands seit 1945. Eine Bilanz. München 1974

Haffner, Sebastian: Anmerkungen zu Hitler. München 1978

Haffner, Sebastian: 1918/19. Eine deutsche Revolution. Reinbek bei Hamburg 1981

Haffner, Sebastian: Preußen ohne Legende. Hamburg 1979. Zitiert wird nach der vollständigen Ausgabe: Goldmann-Taschenbuch, München 1981

Hedin, Sven: Ein Volk in Waffen. Leipzig 1915

Heiber, Helmut: Die Republik von Weimar. dtv-Weltgeschichte des 20. Jahrhunderts Band 3. München 1966

Helmolt, Hans F.: Bismarck. Der Eiserne Kanzler. Zugleich Bismarcks Leben in Bildern und Dokumenten. Leipzig 1915

Hersfeld, E. von: Unsere Flotte. Velhagen & Klasings Volksbücher Nr. 47. Bielefeld und Leipzig (o. J., vermutlich 1912)

Hillgruber, Andreas: Die gescheiterte Großmacht. Eine Skizze des Deutschen Reiches 1871–1945. Düsseldorf 1980

Hillgruber, Andreas: Ewiges Dilemma: Die Deutsche Frage. Vom unvollendeten und unvollendbaren deutschen Nationalstaat. In: Frankfurter Allgemeine Zeitung, Nr. 25 vom 30. Januar 1982

Hindenburg, Generalfeldmarschall von: Aus meinem Leben. Leipzig 1920

Hofer, Walther (Hg.): Der Nationalsozialismus. Dokumente 1933–1945. Frankfurt am Main 1957

Jäckel, Eberhard: Hitlers Weltanschauung. Entwurf einer Herrschaft. Erweiterte und überarbeitete Neuausgabe. Stuttgart 1981

Jagow, Kurt: Deutschland freigesprochen! Das Drama der 13 Tage im Urteil der Geschichte. Leipzig 1933

Janßen, Karl-Heinz: Und morgen die ganze Welt. 1939: Letzte Schlacht des deutschen Imperialismus. In: Zeitmagazin, Nr. 36 vom 31. 8. 1979, S. 4ff.

Kammerer, J.: Um die Heimat. Bilder aus dem Weltkrieg 1914/15. 4. Band. Stuttgart 1915

Kuczynski, Jürgen: Geschichte des Alltags des deutschen Volkes. Band 4: 1871–1918. Köln 1982

Mann, Golo: Deutsche Geschichte 1919–1945. Frankfurt am Main 1961

Marcks, Erich: Otto von Bismarck. Ein Lebensbild. Stuttgart 1924 (erste Auflage 1915)
Meadows, Dennis: Die Grenzen des Wachstums. Bericht des Club of Rome zur Lage der Menschheit. Stuttgart 1972
Miller, Susanne: Burgfrieden und Klassenkampf. Die deutsche Sozialdemokratie im Ersten Weltkrieg. Düsseldorf 1974
Perdelwitz, Wolf/Ulrich Völklein: Deutschstunde. Der neue Patriotismus. In: Stern, Nr. 44 vom 22. 10. 1981, S. 20ff.
Ritter, Gerhard A./Susanne Miller (Hg.): Die deutsche Revolution 1918–1919. Frankfurt am Main 1968
Sölle, Dorothee: Phantasie und Gehorsam. Überlegungen zu einer künftigen christlichen Ethik. Stuttgart 1968
Speer, Albert: Erinnerungen. Berlin 1969
Stern, Horst: Das Ende der Verdrängung. In: Natur. Horst Sterns Umweltmagazin, Nr. 8, August 1981
Vonolfen, Wilhelm u. a.: Der Weg zum Reich. Aus Heimat, Reich und Welt. Lehr- und Lernbücher für Volksschulen. Hg.: Christoph Herfurth, Werner von Hofe. Berlin 1944
Vorwerk, Dietrich: Was sagt der Weltkrieg den deutschen Christen? Schwerin 1915
Wasser, Hartmut siehe Binder/Wasser

Zeitgeschichte auf Postkarten (Auswahlbibliographie)

Bernhard, Willi: Bildpostkartenkatalog Deutschland 1870–1945. Hamburg 1980
Bernhard, Willi: Spezial-Bildpostkartenkatalog. Nationalsozialismus 1933–1945. Hamburg 1975
Carline, Richard: Pictures in the Post. The story of the picture postcard. London 1971
Deutschland-Album. Frankfurt 1980
Fotografien auf Postkarten. Aus der Sammlung Robert Lebeck. Katalog des Folkwang-Museums. Essen 1976
Lebeck, Robert/Manfred Schütte: Propagandapostkarten I. 80 Bildpostkarten aus den Jahren 1898–1929. Dortmund 1980
Lebeck, Robert/Manfred Schütte: Propagandapostkarten II. 80 Bildpostkarten aus den Jahren 1933–1943. Dortmund 1980
Mertens, Eberhard: Der Erste Weltkrieg im Spiegel alter Postkarten. Hildesheim 1978
Metken, Sigrid: Bilder für die Post. Ansichtskarten als Massenmedium, Sammlerobjekt und Volkskunst-Denkmal. In: Die Zeit, Nr. 7 vom 9. 2. 1979, S. 37
Sonntag, Werner: Gruß von der Bahn. Die Eisenbahn auf alten Postkarten. Stuttgart 1978

Register der Parolen und Schlagworte auf den Abbildungen
(Die Ziffern verweisen auf die Abbildungsnummern)

Sachregister zu den Abbildungen
(Die Ziffern verweisen auf die Abbildungsnummern)

Namensregister
(Die Ziffern verweisen auf die Abbildungsnummern beziehungsweise auf die dazugehörenden Texte)

dtv dokumente

Der Prozeß Jeanne d'Arc 1431 · 1456
Hrsg. v. Ruth Schirmer-Imhoff
dtv 2909

Inge Jens:
Dichter zwischen rechts und links
Die Geschichte der Sektion für Dichtkunst der Preußischen Akademie der Künste
dtv 2910

Am Hof der Hohenzollern
Aus dem Tagebuch der Baronin Spitzemberg 1895–1914
Hrsg. v. Rudolf Vierhaus
dtv 2911

Herbst des Alten Handwerks
Zur Sozialgeschichte des 18. Jahrhunderts
Hrsg. v. Michael Stürmer
dtv 2914

Anatomie des SS-Staates
Band 1
Hans Buchheim: Die SS – das Herrschaftsinstrument
Hans Buchheim: Befehl und Gehorsam
dtv 2915

Band 2
Martin Broszat: Konzentrationslager
Hans-Adolf Jacobsen: Kommissarbefehl
Helmut Krausnick: Judenverfolgung
dtv 2916

Bewegt von der Hoffnung aller Deutschen
Zur Geschichte des Grundgesetzes. Entwürfe und Diskussionen 1941-1949
Hrsg. v. Wolfgang Benz
dtv 2917